災害時トラブル対処の決定版！
災害発生から生活再建まで

被災生活ハンドブック

市民防災研究家
玉木　貴

防災袋に入れて備える！

非常持出袋

本の泉社

はじめに

　防災対策を扱う本は、今日数多くあります。でも、被災した後、直面する数々の問題に答える本は？ というと、多くはありません。

　いざ災害が起きたら、避難や救出・応急手当、避難生活の衣食住、被害の後片付けや解体、生活再建のための支援制度や保険・金融など、さまざまなジャンルでやるべきことが山積みです。何をすれば？ その後どうなる？　という疑問の答えはその場ではとても浮かびません。

　本書は、先が見えない不安を和らげ、少しでも苦労を減らせたらと、被災直前から生活再建までの順に、直面する問題と対処のカギを収録した本（私自身が被災当時に欲しかったもの）を形にしました。

　非常持出袋に入れておける、コンパクトな大きさに凝縮し、自らの被災経験、被災地支援で経験した現実、また応急手当講習の指導者としての知見も交えて作りました。本書により、少しでも被災後の苦労が減らせたら幸いです。

Contents

はじめに 2

第1章　事前に決めよう！　災害時の基本方針

日頃の基本方針 7

- 地域環境と公的支援をチェック 8
- 家族環境からニーズをチェック 10
- 災害時の避難と安否確認方法 12
- 家族の緊急時医療情報 14
- 被災生活情報も忘れずに 16

第2章　いざ災害、被害軽減のポイント

発災直前～発災時 17

- 大雨・集中豪雨時のチェックと注意項目 18
- 水害時の被害軽減ポイント 20
- 土砂災害の被害軽減ポイント 22
- 台風・突風災害の被害軽減 23
- 高潮災害での被害軽減 24
- 地震での対処と被害軽減 25
- 消火に使える器具とポイント 27

第3章　救出作業とケガの応急手当

発災～半日程度 29

- 災害時の自助・共助・公助 30
- 救助作業で使える身近なモノ 32
- 救助に使える道具がないときは？ 34
- 助けた人の意識がなかったら？ 35

- ・意識も呼吸もない人への救命処置 …… 36
- ・大出血時の止血法 …… 38
- ・家具や家の下敷きになったら …… 39
- ・骨折した人への応急処置 …… 40
- ・やけどした人への応急処置 …… 41
- ・応急手当・救命講習を体験しよう …… 42

第4章　避難と被災生活のスタート
　　　　～発災当日　…… 43
- ・災害時の避難場所はどこですか？ …… 44
- ・家族の安否確認と安否報告 …… 46
- ・避難でわが家を離れる際に …… 47
- ・避難経路は近さより安全を …… 48
- ・帰宅困難の家族はいつごろ合流できる？ …… 49
- ・特殊ニーズの家族へ緊急対応を …… 51
- ・被災生活の始まりは、3つの選択から …… 52

第5章　被災生活を乗り切る知恵
　　　　被災翌日～　…… 53
- ・まっ先に被害記録と罹災申告を …… 54
- ・収容避難所のルール …… 56
- ・自主避難の実態と工夫 …… 57
- ・被災生活での食事情 …… 58
- ・被災生活での水の確保 …… 60
- ・待ってはくれないトイレ問題 …… 62
- ・被災生活での衛生確保 …… 64
- ・被災生活での健康問題 …… 66
- ・乳幼児がいる家庭の被災生活 …… 68
- ・年配者と被災生活 …… 69
- ・アレルギー体質を持つ人の被災生活 …… 70

- 障害を持つ方と被災生活 ····· 71
- ペットの被災生活と飼い主の心得 ····· 72
- 災害のストレスから子どもを守る ····· 73
- 被災生活下の生活物資調達 ····· 74
- 日々の生活情報収集 ····· 75
- お金が傷んでしまったら？ ····· 76
- 被災生活でのお金の引き出し ····· 77
- 本人確認・社会保障書類をなくしたら？ ····· 78
- 保険・有価証券類を失ったら？ ····· 80
- 被災者を狙う犯罪や詐欺にご用心 ····· 82
- 保険会社に被害報告を申請しよう ····· 84

第6章　被害の後片づけと応急復旧

被災数日後〜半月　····· 85

- 被災生活を左右する応急危険度判定 ····· 86
- 罹災証明の発行と被災度区分判定 ····· 88
- 被災家屋の片づけ作業 ····· 90
- 水害・土砂災害後の片づけ作業 ····· 92
- マイカーや家電製品が被害を受けたら ····· 94
- 災害ゴミの処分事情 ····· 96
- 災害ボランティアを頼むときには ····· 97
- 復旧不能な建物の解体・撤去 ····· 98

第7章　生活再建に向けて

被災半月〜　····· 99

- 被災者支援のための給付制度と法律 ····· 100
- 国税・地方税の減免や納付猶予 ····· 104
- 社会保障費などの減免制度 ····· 105
- 失業・休職者への支援制度 ····· 106
- 公共料金・その他料金の減免制度 ····· 107

- 個人向けの災害融資制度 ……………………………… 108
- 生保・損保会社による被害鑑定と支払い ………… 109
- 応急仮設住宅・代替住宅への入居 …………………… 110

あとがき ……………………………………………………… 111

本書中に表示されているアイコンマーク

実際に起こりうる場面や、その状況を説明しています。

覚えておきたいポイント、さまざまな知恵を使って対処できます。

「こんな時はどうすればいいの?」という疑問に答えています。

各関係先の連絡先、問い合わせ先などを紹介しています。

Chapter 1

第1章

事前に決めよう！災害時の基本方針

日頃の基本方針

同じ街に暮らしていても、最適な対策は各家庭で十人十色。あなたの家ではどうですか？ 家族で決めた避難場所や安否確認方法などいざという時に思い出せないものです。本書を非常持出袋にしまう前に、わが家の災害基本方針を記しておきましょう。

地域環境と公的支援をチェック

地域環境で十人十色

災害＝地震というのが一般的なイメージです。でも、読者の皆さんもお住まいの場所が異なるのと同じように、起きうる災害も地域性によってそれぞれ異なります。

周囲の地域環境をチェック

川沿い・低地・がけ地・海沿い・高層住宅など、同じ市区町村内でも、周囲の地域環境によって災害の種類や脅威度は異なるもの。防災対策の第一歩に、まずこの点をチェックしましょう。

- ●市区町村発行の防災ガイド
- ●同 災害ハザードマップ
- ●都道府県発行の防災ガイド
- ●図書館にある市区町村史

地元の公的体制をチェック

第1章

　最寄りの避難所収容人数や防災備蓄を知っていますか？ 役所Webサイトの地域防災計画、防災担当課窓口で確認しましょう。地元の足りない部分を知ることは、わが家で行う対策の質や量の目安になります。

- ●自治体の防災ガイドや地域防災計画
  （市区町村・都道府県ともにWebサイトに多し）
- ●防災担当課窓口でも教えてくれます。

わが街の地域環境チェック表

周囲の地域環境	
周辺の地域環境	河川流域 低地 沿海部 住宅密集地 急傾斜地 軟弱地盤・造成地
ハザードマップ	地震 洪水 火山 土砂災害 なし
地元で起きた災害	
わが家の住宅環境	高層住宅 半地下住宅 その他
わが家の災害優先度 （○△×など）	[　]河川氾濫　[　]都市型水害　[　]地震 [　]土砂災害　[　]高潮災害　[　]津波 [　]類焼火災　[　]火山噴火　[　]雷被害 [　]雪害　　その他（　　　　　　　）
わが家の注意点	

地元の公的援助体制	
わが家の収容避難所	
収容人数・人口充足率	人収容、対人口比　　　　％
地元の災害備蓄食糧	名称：　　　　　　　　、全　　　　食分 名称：　　　　　　　　、全　　　　食分
住民1人当たり食数	合計　　　食、　　　食/1人当たり
地元の備蓄飲料水	あり（　　　L分）・給水袋のみ・なし
要支援者用避難所	なし　あり（施設名　　　　　　　　）
収容人数・付添入所	人収容、付添者入所 可・不可
要介護者向け備蓄食糧	なし　あり（　　　　、　　　　食分）
乳幼児向け備蓄食糧	なし　あり（　　　　、　　　　食分）
わが街の注意点	

役所防災課窓口・前ページ資料で確認できます

家族環境から
ニーズをチェック

家族環境で十人十色

　同じ地域に暮らしていても、家族環境によって、必要な対策は異なります。それで地域環境に加えわが家のニーズを踏まえて、対策を考えることも忘れずに。

災害時要支援者がいるか？

　災害時に深刻な状況に陥る家族の課題点と、地元のサポート態勢の2点は、わが家仕様の防災対策を立てるうえでの最重要チェック項目の1つです。

乳幼児の有無

要介護者の有無
　特に寝たきりなど避難が困難な場合、どうするか

持病を持つ家族の有無
　薬の供給やライフラインが停止すると、命に関わる在宅医療機器使用者、透析や内部疾患患者

ペットの有無と種類

家族のライフサイクル

第1章

家族構成に加え、ライフサイクルも各家庭では異なります。その違いに応じた安否確認、合流方法を考えておきましょう。

- ●共働き、交代勤務、子どもの塾など在宅時間のズレ
- ●遠距離通勤や通学での、物理的距離のズレ
- ●職務や社会的責務上、家庭を犠牲にする家族

わが家の家族環境チェック表　　作成日：　　年　　月　　日

災害時要支援者の有無	役所防災担当課などで確認可	
乳幼児の有無	無・有	年齢
地元避難所の乳幼児受け入れ	否・可	条件
要介護者の有無	無・有	状態
地元避難所の要介護者受け入れ	否・可	条件
持病による制約がある家族の有無	無・有	病名
機器・薬剤・医療の災害時供給体制	確認結果	
ペットの有無	無・有	種類
地元避難所のペット受け入れ	否・可	条件
わが家に該当する分野どんな点で困るか		
家族のライフサイクル		
日常生活で家族が最も離れる時間・状態		
遠距離通勤・通学家族の有無	無・有	距離　　　　km
上記の徒歩帰宅避難ルート・対策		
社会的責務ゆえ家を空ける家族	無・有	居場所
わが家が特に困る分野どんな点で困るか		

第1章　事前に決めよう！　災害時の基本方針

災害時の避難と安否確認方法

安否不明の不安は大きい
家族離ればなれで被災して、どのように安否を確認しますか？ 実は家族の理解がバラバラでは、いざという時に互いを探して右往左往。これでは心身ともに疲れます。

避難場所、正確に知っていますか？

東京都福祉保健局の都民アンケートでは「避難場所を知っている」と答えた42.3％のうち、避難場所を正確に答えた人はわずか8％。34.3％の人は漠然と「学校・公園」としか答えられませんでした。皆さんはいかがですか？

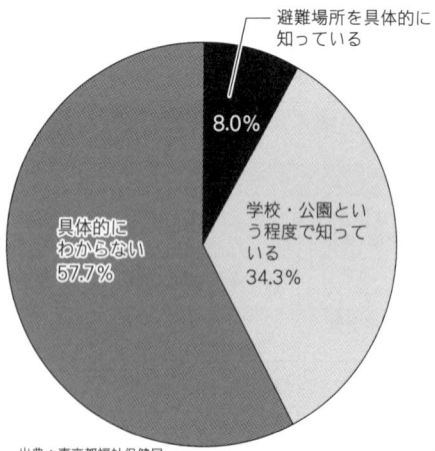

避難場所を正しく知っていますか？

出典：東京都福祉保健局
災害対策に関する都民アンケートH18年版

具体的に基本方針の意思統一を

　安否の確認方法を決めていないと、心配なうえに電話をかけるあまり、回線混雑の元にもなります。

　表を参考に、いざという時に備え、災害時の基本方針を立てる際は、具体的内容かつ家族みんなで意思統一をしましょう。各項目の詳細は、第4章でチェックしましょう。

わが家の災害時基本方針

作成日：　　年　　月　　日

安否確認	
家族との連絡方法 優先順位	[ ]災害用伝言ダイヤル171 [ ]携帯電話 [ ]固定電話 [ ]携帯／Eメール [ ]家に書き置き [ ]携帯会社災害用伝言板 [ ]その他（　　　　　　　　　　　　）
親族連絡先 連絡方法	宅（　　　）　－ 宅（　　　）　－ [ ]災害用伝言ダイヤル171 [ ]電話 [ ]Eメール [ ]携帯会社災害用伝言板 [ ]NHK安否情報 [ ]その他（　　　　　　　　　　　　）
職場連絡先	（　　　）　－ （　　　）　－
学校連絡先	（　　　）　－ （　　　）　－
学校の災害時 下校・引き取り基準	
託児・介護連絡先	（　　　）　－ （　　　）　－
避難と子どもの引き取り基準	
避難の基本方針	[ ]公共の収容避難所 [ ]公共福祉対応避難所 [ ]自宅周辺で自主避難 [ ]身寄り先に縁故避難 [ ]その他（　　　　　　　　　　　　）
自宅周辺の退避場所	
指定の一次避難地	
指定の広域避難場所	
指定の収容避難所	
最寄り公民館	
自主避難予定場所	
近隣の福祉対応避難所	
縁故避難できる身寄り	

家族の緊急時医療情報

 いざその時、頭真っ白！

　いざ救急車を呼ぶことになって、119番通報する時は、頭真っ白。簡単な情報すら口から出ないようでは、笑い話にもなりません。重要な医療情報はあらかじめ書き出しておいたほうが、確実に伝えるうえでも大切です。

家族の身元・医療情報

　災害時は、避難所の特設救護所など、普段のかかりつけ病院ではない所で医療を受ける場合があります。加えて緊急時ゆえの混乱が、医療従事者にも予想されます。

　適切な処置を受けるため、次ページの表を参考に、以下の情報をまとめておきましょう。

- 本人の身元特定情報
- 健康保険情報
- かかりつけ医や既往症
- アレルギーなどの禁忌
- ほか医療上の注意事項

わが家の緊急医療情報　　作成日：　　年　　月　　日

緊急時の搬送先・救護所	
わが町の指定救護所	

緊急時の連絡先			
氏名		続柄：	
住所			
連絡先	固定電話：	携帯電話：	
避難先	避難所(　　　　　)・自主避難(　　　　　)		

家族構成・身元特定情報				
氏名				
続柄				
生年月日	年　月　日	年　月　日	年　月　日	年　月　日
身長	cm	cm	cm	cm
体の特徴 目印				
かかりつけ 歯科				

医療上の参考情報				
健康保険種別				
保険証番号				
血液型				
かかりつけ 病院				
持病 既往症				
使用薬など				
アレルギー				
医療上の 注意事項 その他				

被災生活情報も忘れずに

家族が直面する問題への支援情報、金融機関情報など、被災生活で役立つ情報、また、生活再建に必要な情報などを、忘れずに記入しておきましょう。各項目の詳細は、5〜7章でチェックしましょう。

わが家の緊急医療情報　　作成日：　　年　　月　　日

被災生活支援		
近所の給水支援場所		
近所の災害時提供井戸		
持病への災害時支援	対応機関：	
	（　）　　―	備考：
	（　）　　―	備考：
ペットへの災害時支援	対応機関：	
	（　）　　―	備考：
金融機関情報		
銀行・信用金庫名	支店名	口座番号
郵便貯金事務センター名	記号	番号
引落時の必要物・制限等	銀行など： 郵便局：	
被害認定と保険情報		
被害写真を撮ったか	撮影日：	
役所への罹災申請	申請日：	
応急危険度判定	調査済（緑）・要注意（黄）・危険（赤)	
保険会社名・連絡先	保険名	証券番号
保険会社の被害鑑定	鑑定日時：	
住宅の被災度区分判定	調査日時：	
	復旧不要　・　要復旧　・　復旧不可能	
自治体の罹災証明	調査日時：	
	一部損壊　・　半壊　・　大規模半壊　・　全壊	
	発行窓口：　　　　　　必要物：	

Chapter 2

いざ災害、被害軽減のポイント

発災直前～発災時

第2章

災害国日本に暮らすマナーとして、まさかの事態に困らないように、日頃の防災対策は不可欠です。しかし、さらなる被害軽減のためにできることがあります。この章では被害が身に及ぶ前にできる被害軽減のためのポイントを、ジャンル別に解説します。

大雨・集中豪雨時のチェックと注意項目

目安は時間雨量50mm

水害が予期される、降水量の目安は1時間に50mm。多くの場合、中小河川や都市排水の整備水準として長年用いられ、洪水警報や大雨警報の発表基準にもなっています。気象情報を見たら思い出しましょう。

リアルタイム情報で早めの決断

テレビやラジオは全国や県域情報が主で、近くの状況がわからず、大雨で防災無線は聞こえない……。

どちらも、欲しい情報を待たねばならない受け身のメディアです。

しかし、今やパソコンや携帯電話で、近くの雨量・水位などの防災情報を、リアルタイムで引き出せます。これらを見て、早めに決断するほうが、座して被害を受けるより良いでしょう。

大雨時に役立つ気象情報サイト

気象情報サイト

日本気象協会 tenki.jp
　　http://tenki.jp/

気象庁　http://www.jma.go.jp/　　PCのみ対応

国交省　防災情報提供センター
　　PC版　http://www.bosaijoho.go.jp/
　　携帯版　http://www.bosaijoho.go.jp/i-index.html

河川・ダム水位情報

国交省　川の防災情報
　　PC版　http://www.river.go.jp/
　　携帯版　http://i.river.go.jp/

近くの国交省河川国道事務所

川や近隣の状況、ライブ画像も
例：福島河川国道事務所（阿武隈川流域）
　　PC版　http://www.fks-wo.thr.mlit.go.jp/
　　携帯版　http://www.fks-wo.thr.mlit.go.jp/keitai/

地元自治体の防災情報サイト

例：静岡県土木防災総合情報　サイポスレーダー
　　PC版　http://sipos.pref.shizuoka.jp/
　　携帯版　http://sipos.shizuoka2.jp/i/
　　http://sipos.shizuoka2.jp/v/
　　http://sipos.shizuoka2.jp/ez/

水害時の被害軽減ポイント

浸水前の早期避難が一番
　事前の情報収集で事態を判断。減災措置をしたら、浸水前の避難が一番です。しかし、排水能力を超えてあふれる内水氾濫は静かに迫るため、気づけば冠水することもあり、要注意です。

早めの減災処置後すぐ避難を

　万一に備え、早めに浸水防止策や持ち出せない家財の高所移動を行い、避難をしましょう。

- 玄関や窓などの開口部を板やシートでふさぐ
- 排水口を水のうなどでふさぎ、逆流の時間稼ぎ
- 低い部分の換気口や冷暖房類のダクトをふさぐ

浸水するとどうなる？
- 床上浸水前から漏電ブレーカー作動で停電する
- 床上浸水後は電気配線がショート、数日使用不能に
- 家具・畳・冷蔵庫は浮く、出口を塞ぎ避難の妨げに
- 水深約30cmで水圧によりドアが開かなくなる

水害での避難と注意点

- ●流れがない時で股下（約80cm）程度まで
- ●流れがあったらひざ（約50cm）程度まで
- ●腰以上の深さでは避難は困難、無理せず高い所で助けを待つほうが良い。
- ●一面の泥水で足元は全く見通せないため、深みで溺れないよう、杖や棒で足元を確認。

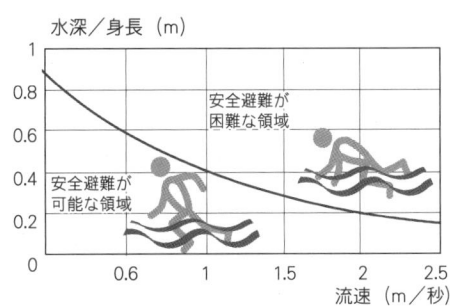

水害の種類3タイプ

(1) 外水氾濫

堤防決壊や越水による一般的な洪水

(2) 内水氾濫

川の水位上昇で、街の雨水を川に排出できずにあふれる浸水

(3) 都市型水害

大雨が街の処理能力を超えて起こる浸水、河川流域でなくても低地や半地下住宅に多い

土砂災害の被害軽減ポイント

❗ 警報を待たず自主避難

全国で人家に被害がおよぶ急傾斜崩壊危険地域は33万、土石流危険渓流18万ヵ所（国交省 2003年調査）あります。土砂災害は一度起きれば、瞬時に大被害になります。兆候が見えたら、避難勧告を待たず直ちに自主避難できる準備が必要です。

土砂災害の種類と特徴

がけ崩れ、地すべり

がけ崩れの影響範囲は高さの3倍が目安。

斜面から小石や泥水が落ちたり、ひび割れが見られたら危険の兆候です。

土石流＝岩と泥の津波

雨でも川が増水しない・逆に減ったら、上流でせき止められた川が、岩と泥の津波として押し寄せる土石流の前兆です。

台風・突風災害の被害軽減

気象情報で状況予測を

突風や台風での暴風は、瞬間的なだけに具体的予測は困難です。しかしテレビ・ネットなど視覚的な気象情報で、危険地域かどうかはある程度確認できます。これらをチェックし、ガラスの破損防止・停電対策をしておきましょう。

台風の進路右側は特に警戒

- 進行方向右側（東側）は風が強くなり要注意。台風を移動させる風に、吹き込む風が加わり、特に風が強い危険半円。
- 強風でのガラス破損に備えて雨戸を閉める。
- 沿岸部では高潮災害も要注意（次ページ参照）

寒冷前線にはご用心！

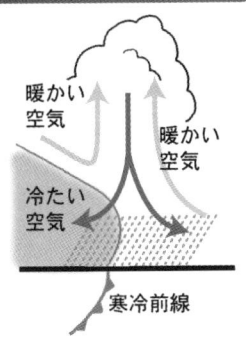

寒冷前線通過時は突然、天気が大荒れになります。前線面で積乱雲が急激に発達して、竜巻、突風災害や豪雨が起こりやすくなります。雨戸を閉め、ガラスから遠ざかって待ちましょう。

高潮災害での被害軽減

注意したい5つの要素
異常な海面上昇で起こる高潮災害は、①低い気圧、②満潮、③強風、④陸向きの風向、⑤湾内という地形、この5つの条件が重なるほど危険度が高くなります。

海洋気象情報で早めの決断

テレビ・ラジオの情報に加え、リアルタイムでわかる海洋気象情報を活用し、上に掲げた①〜⑤の要素をチェックしましょう。

国交省　防災情報提供センター
ＰＣ版　http://www.bosaijoho.go.jp/

海上保安庁　沿岸域情報提供システム（MICS）
ＰＣ版　http://www.kaiho.mlit.go.jp/info/mics/
携帯版　http://www.kaiho.mlit.go.jp/info/mics/m/

2つの高潮被害と軽減策

沿岸部：護岸を越えた高波被害
内陸部：海とともに水位上昇した河川流域での排水不良による浸水（内水氾濫）

基本的には、河川と同じ浸水対策を。20ページを参考に減災策をしたら、早めの避難を。

地震での対処と被害軽減

事前対策がより大切

他の災害とは違い、突発的なのが地震です。

特に自宅では、その場の対処法よりも、事前の家屋対策が、命を左右することになります。家具やガラスの耐震補強で、命を守ることができます。被災生活を避難所でなく自宅で過ごせます。

今は「地震だ、身を守れ！」

「地震だ、火を消せ」は関東大震災の教訓。慌てて鍋や湯・油でやけどを負う現実もあります。今はガスのマイコンメーターや調理・暖房器具の安全装置で、揺れがおさまった後でも対応可能。まずは安全確保を優先で。

ガラスのケガは大きな制限に

発災時、避難に気をとられて割れたガラスで足をケガすると、被災生活が制限されてしまいます。避難の際は、スリッパを履くかマット類を敷いて危険防止を。屋外では上を向かず、外壁から離れましょう。

高層建物は長周期地震にご用心！

　高層ビル・マンションは、しなって揺れを吸収する柔構造の代償で、大地震では、数秒周期・振幅数mの揺れが何分も続きます。
　飛んでくる家具でのケガや、遠心力による転落を防ぐため、窓際やベランダ、通路から離れましょう。

ブロック塀は予想外に危険！

　ブロックは1個で10kg。鉄筋やモルタル込み、幅80cmのブロック塀は、重さなんと約350kg！　下の写真の場面で倒れたら、圧死するしかありません。余震での倒壊もあるため、ブロック塀に近寄らず別の道で避難しましょう。

消火に使える器具とポイント

天井までの火は消火可能

一般人でも火を消せる目安は、出火から3分・天井に達するまで。もし、119番通報しても消防すら対応できない広域災害なら、可搬消火ポンプや地下消火栓などがある近所の自主防災倉庫、または消防団詰所へ。

誰でも使える消火資機材

家庭で備えるもの

公共設備として整備

屋内消火栓 (右上)

消火栓操作は2人以上必要ですが、2号屋内消火栓は1人で使用できます。

屋外 (地下式) 消火栓 (左下)

失敗を防ぐ消火のポイント

放射時間は思ったより短い！

　普通の消火器で15秒程度、中には10秒未満のものも。狙いは確実に。

放射するのは火元に来てから！

　つい慌てて、火元へ駆け寄りながら放射。到着したら、中身がカラでは笑えません。

粉末消火器は途中で止まらない！

　内蔵の加圧用ガス容器を、レバーを握って突き破ることで、消火剤を放射するため、一度出したら途中で止まりません。

毛布や消火布の使用はケガに注意！

　濡らした毛布や不燃繊維を使った市販の消火布は、火元を覆って窒息消火するには役立ちます。しかし、火元からの距離が取れない、火元の鍋をひっくり返すなど、やけどに注意が必要です。

台所向け簡易消火具は強化液系で

　台所火災の代表は、火にかけたまま放置され、油が発火する360度を超えると起こる、天ぷら火災です。

　ハロン系消火具は、不活性ガスなので、いったん消火しても、油温が下がらず再発火。また、浸潤剤系は最終的に消えるものの、水と油が激しく反応し、火柱が上がって危険です。

　購入時は、薬剤成分の表示を確認しましょう。

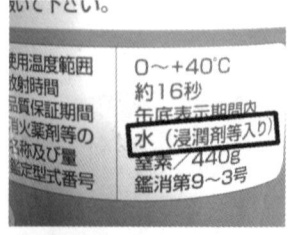

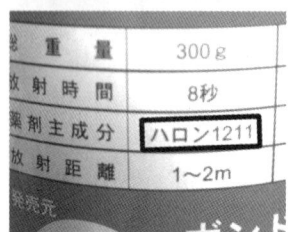

Chapter 3

救出作業と
ケガの応急手当

発災〜半日程度

発災時を無事切り抜けても、まだこの時点では、消防・救急の助けは望み薄。ここからはご近所同士で助け合う共助がカギです。本章では、普段の生活でも役立つ救命処置や、救出作業のポイントを紹介します。

災害時の自助・共助・公助

助けを待ってはいられない

大規模災害では、助けを求める人があちこち大発生。さらに、瓦礫や道路損壊などで交通網が極端に悪化しては、さすがの消防や救急力もパンクします。そんな状況で、公的レスキューの到着を待つだけでは、助かる命も助かりません。

災害時の救出・救援は市民が主役

1995年の阪神・淡路大震災。神戸市の調査では倒壊家屋から助け出された人の約74%は、家族や近所の人によるもの。消防・自衛隊などの救助はわずか2%でした。

阪神大震災では誰に救助されたか ── 神戸市の場合

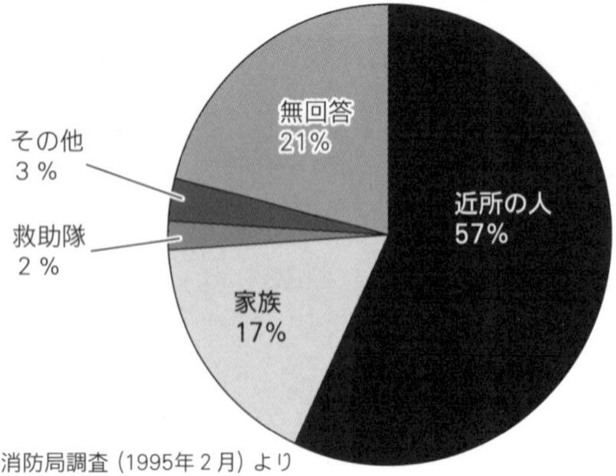

- 近所の人 57%
- 家族 17%
- 救助隊 2%
- その他 3%
- 無回答 21%

神戸市消防局調査（1995年2月）より

自助・共助・公助の役割

自助──「天は自ら助くる者を助く」

　文字どおり、自らの身は自ら守ること。主に事前の防災対策から、他人に頼れない発災時に最も比率が高くなります。災害で命を左右するのは、主にこの自助努力にかかっています。

共助──困ったときはお互い様

　個人・一家庭の力だけではどうにもならない状況でご近所どおし助け合うこと。特に、発災直後から避難・後片付けの段階で、欠かせません。

公助──最後のセーフティーネット

　一般市民の力では、どうにもならない状況での、最後の受け皿。避難所運営はじめ被災生活から、仮設住宅や給付金など、生活再建段階で力になります。

救助作業で使える身近なモノ

わが家の道具が救助グッズに

歪んだり倒壊した建物に閉じ込められた人を助けるとき、身近にある道具がレスキュー機材に早がわり。それぞれの工具の特性を知って、人の力でできない作業を効果的に行えるよう、使い方に慣れておきましょう。

倒壊家屋の持ち上げにカージャッキ

近くに車があれば、備え付けのジャッキは強力な持ち上げ・隙間拡張工具になります。

柱や梁など、建物の重さを支えている部分に掛けては、持ち上げを繰り返します。ジャッキがはずれて建物が崩れる二次災害防止のために、手近な柱を番木代わりに挟みながら、作業をしましょう。

パンタジャッキ
乗用車にも搭載され、1～2トン程度まで持ち上げられる。油圧ジャッキより少ない隙間でも使用できるが、ハンドルを手動で回すため女性には負担大（写真上）。

油圧ボトルジャッキ
一部のトラック・バンに積載され、油圧で持ち上げるため、負担が少ないのが利点。ただし大きいため隙間には入りにくい（写真中）。

他の油圧ジャッキ
2cm程度のわずかな隙間でも使える爪付き油圧ジャッキ。他にも量販店で市販の油圧フロアジャッキも便利。ローダウン車用なら、なお良し（写真下）。

柱の切断には造園用・仮枠用ノコギリ

造園用・仮枠用ノコギリは、粗目で切れも速いうえ、鋸刃も厚くて丈夫なので、悪条件下でも、安定して切ることができます。一般的な大工用ノコギリは、本来作業スペースが十分ある環境で、時間を掛けてきれいな断面で切断する造作作業用です。入り組んだ救助現場には不向きなうえ、細かい鋸目は切れが遅く、家の重みで薄い鋸刃が噛み込まれ容易に折れてしまいます。

てこの原理で多彩な役目の平バール

物の持ち上げや引き抜き、またハンマー代わりの打ち壊し、うまく使えばトタン板の切断もできる平バール。家が歪んでドアが開かなくなった場合にも役立ちます。30cm以下のものは力がかけにくく、また、柄の末端がへら（チゼル）状でないものは、隙間に差し込めず、救助作業向きではありません。

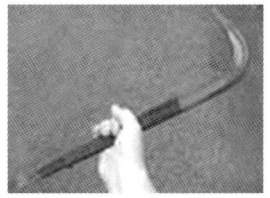

倒壊家屋からの救出方法

人が埋もれた場所を特定したら、上からのエントリーが鉄則。横からの掘削では二次災害を招き非常に危険です。屋根・天井・家具・床板の順で、上から障害を除去しつつ、要救助者に近づきます。

救助に使える道具が ないときは？

身近に使える道具がない！
救助に使える道具が身近にない！ そんなときは、近所の「自主防災倉庫」を探しましょう。大ハンマーや油圧ジャッキ、消火用可搬ポンプなど、地元の人で助け合うための機材や工具が収められています。

自主防災倉庫を活用しよう

自治体の防災備蓄倉庫とは別に、近所で助け合うために設置されているのが自主防災倉庫です。

救出・救護用資機材があるだけでなく、各地区の自主防災組織集結拠点なので、救出作業を手伝ってくれることもあります。いざというときに助け合うための備えなので、積極的に活用しましょう。

助けた人の意識がなかったら？

最初の3分以内が勝負

心停止の場合、グラフのように3分後には50％、5分後にはほぼ100％の人が死亡します。命を助けるためには、消防や救急を待たず、周囲の人による一刻も早い救命処置が大切です。

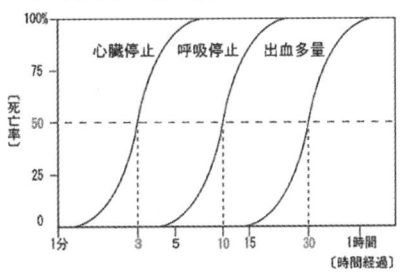

まず、反応と呼吸を確認
耳元で呼びかけながら肩を叩いて反応確認

↓

助けを呼び以下を要請
・119番、医師を呼ぶ
・AEDを取りに（37頁参照）

↓

気道確保・呼吸確認
・あご先を上げる
・胸を見つつ耳は口元
・胸の動きや息の有無を確認

↓

10秒間何も感じなければ呼吸なしと判断し、次のページへ→

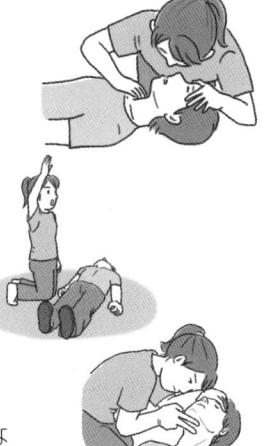

意識も呼吸もない人への救命処置 ガイドライン2005対応版

 2006年より方法が変更

前ページの方法で確認しても、意識も呼吸もない。そんな人には心肺蘇生を行いましょう。

以前に心肺蘇生を習った人は、2006年よりさらに実際的で簡潔な方法、回数に変わったので、注意してください。

心肺蘇生は30：2

息がなければ人工呼吸
- 気道確保したまま（→前ページ参照）
- 相手の鼻をつまんで
- 大きく開けた口で相手の口を覆って
- 1秒ずつ2回「フ、フ」と息を吹き込む

ただちに胸骨圧迫30回
- 胸の真ん中（乳首と乳首の間の胸骨が目印）
- そこに一方の手のひら付け根を置く
- 他方を重ね、肘を伸ばし垂直に30回続けて圧迫
- 100回／分で4,5センチの深さ

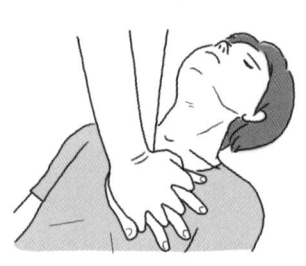

胸骨圧迫30：人工呼吸2を繰り返す
- 相手がはねのけて拒否するか、救急隊や医師が来るまで
- 疲れても中断せず、他と交代して絶え間なく続ける
- 人工呼吸が不可能なら胸骨圧迫だけでも続ける

心臓突然死はAED救え

痙攣して血が送り出せない状態の心臓を電気ショックで蘇生できるのが自動体外式除細動器（AED）。

2004年より誰でも使え、公共施設や学校など、人が多く集まる場所で設置が進んでいます。

使い方とショック後の処置

電源を入れたら、機械が話すとおりに行えばOK。普段の生活でも役立つAEDの使い方を憶えたい人は、42ページを参照。

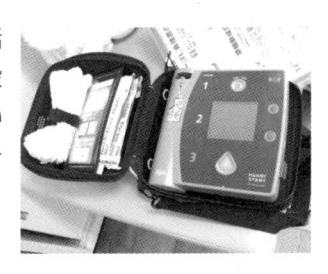

AEDが近くにない場合

本項で述べた心肺蘇生を、上記いずれかの状態になるまで続けます。下記の3つを意識して、命を救うためがんばりましょう。

> **強く**：4〜5cmしっかり胸が沈むよう
> **速く**：1分間に100回のペースで
> **絶え間なく**：疲れたら交代して途切らせない

大出血時の止血法

❗ 血液感染を防いで処置を

AIDSや肝炎などの血液感染を防ぐため、素手で直接血に触れず、ビニール袋やゴム手袋などで防護処置をしましょう。

直接圧迫止血法

清潔な布を傷口に当てて圧迫します。外出血のほとんどを止血できる方法です。

当て布に血がにじむのは圧迫位置がズレたり、力が弱い証拠なので、新しい布で再圧迫しましょう。

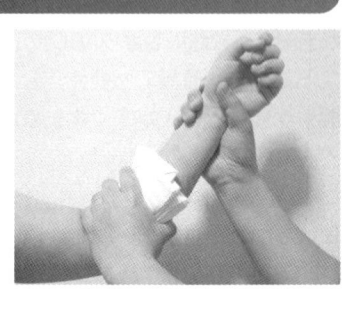

出血性ショックに要注意

大出血時、うつろな表情・震えがあったり、顔面や下まぶた内側が蒼白に見えたら、死に繋がる出血性ショックの兆候です。

臓器循環を保つため、保温しながら、足を30センチほど上げて仰向けに寝かせたショック体位にします。

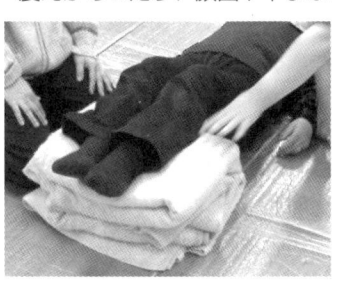

家具や家の下敷きになったら

> **クラッシュ症候群に警戒!**
> 長時間下敷きで挟まれ、挫滅組織から出た毒素により、腎不全・心停止で死亡する致死率の高い症状です。ついさっきまで元気だった人でも、突然死するだけに要警戒です。

クラッシュ症候群の症状と対処

挟まれた状態から助け出すと同時に毒素が血流とともに全身に回り始めます。臓器不全になる前の一刻も早い処置が命を救います。

こんな兆候に注意
- 長時間挟まれていた
- 茶褐色の尿が出る
- 挫滅部位の感覚がマヒすることも

↓

可能なら挟まれている間から
- 毒素拡散を阻止するため止血帯法を行う
- 毒素濃度を希釈するため、水を飲ませる

↓

救出後は直ちに透析医へ

毒素拡散を防ぐ止血帯法
- 挟まれた所より心臓側を幅3cm以上の布で巻き、棒を差入れ、血を止める

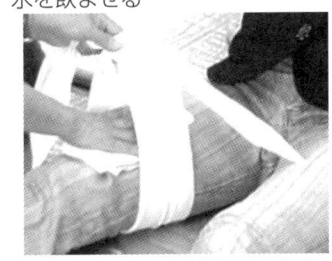

止血帯法で応急処置を

骨折した人への応急処置

❗ 無理に戻さず固定優先

当座の悪化防止と苦痛軽減が最優先。仮に変形したり骨が突き出ても、無理に元に戻さず、まずは固定します。動かせるようになったら、速やかに救護所・外科病院で本格的な処置を受けましょう。

災害時の骨折固定

- 骨折箇所には添え木をして、三角巾、大きめの布、手拭いで縛って固定
- 添え木には板、段ボール、雑誌、座布団を活用
- すき間に衣類などをはさむとより効果的
- 近所の自主防災倉庫に固定用シーネや副木類があれば優先して使う

骨が出る開放骨折

傷口の止血とガーゼ等で保護し固定。感染の危険が高いので、直ちに医療機関や救護所に搬送しましょう。

首・腰・脊椎骨折

脊髄損傷の危険大。首を支え、全身を戸板に固定。

出血性ショック

大腿・骨盤骨折は大量内出血のおそれあり。失血性ショックに備えて、ショック体位を(38ページ参照)。

やけどした人への応急処置

❗ 深さと広さが重症度の目安

広さは手のひらを体表の1％とする「手掌法」で、Ⅱ度30％以上・Ⅲ度10％以上の場合は、直ちに医師の治療が必要な重度熱傷です。

やけどの深さと対処法

浅いやけど（Ⅰ度）

・表皮が赤くヒリヒリ痛む
・よく冷やせば病院で治療せず治る。

中程度に深いやけど（Ⅱ度）

・真皮に達し、水ぶくれになる。
　傷口保護のため、水ぶくれは破らない
・水で冷やす際、皮膚を損傷
　するので、無理に服を脱がさない。

最も深いやけど（Ⅲ度）

・皮下組織に達し無痛。色は白っぽくなる。
・清潔なシーツやタオルで包み、感染防止を

気道熱傷は深刻

火事で鼻毛が焦げたり口鼻にススが付く場合、やけどした気管が腫れ、気道が塞がる気道熱傷のおそれ。一刻も早く医療機関へ。

薬は塗らずに

患部の感染や治療の妨げになるため、民間療法で、薬・油・アロエ・味噌などは塗らないこと。

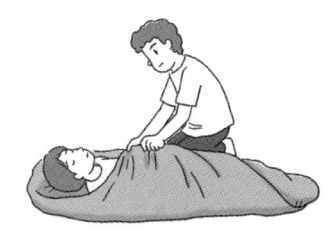

応急手当・救命講習を体験しよう

救命処置は、頭で分かっても、いざその時は戸惑うもの。やはり体で覚えるのが一番です。そこで筆者自身も指導する、消防署主催の救命講習を体験してはいかがでしょうか？

救命講習の種類

①普通救命講習

心肺蘇生とAED使用法など、もっとも基本的な救命処置を3時間で体験できます。どの市区町村でも最低年1回、多い所で毎週開催されています。

②上級救命講習

普通救命講習に加え、乳幼児の心肺蘇生も体験でき、ケガ・骨折の応急手当や搬送法など、幅広い内容を8時間で体験します。

子どものいるご家庭、自主防災組織はこちらがおすすめ。もし地元未開催でも、近隣自治体で受講できます。

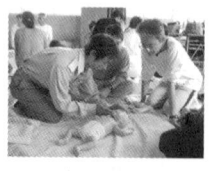

他に自治体により、心肺蘇生のみ、ケガの処置のみなどオリジナル講習もあります。 詳細は広報紙・消防署まで。2006年から、講習内容がより効果的で簡潔に改善されたので、参加してみましょう。

Chapter 4

避難と
被災生活のスタート

~発災当日

第4章

発災~家族と隣人の救出・救護が無事にすみ、身の安全が確保できたら、いよいよ避難です。どのような避難をして、離れた家族とどう合流するか、その選択や方針は被災生活へとスムーズに移行できるかどうかを左右します。この章では、避難と被災生活に入るまでのポイントを解説します。

災害時の避難場所はどこですか？

❗ 避難場所は正確に理解を

東京都福祉保健局の調査では、避難場所を正確に知っていたのは、わずか8％（12ページグラフ参照）。曖昧な理解のまま、家族は別の場所に避難しては、混乱と不安の元です。安否連絡の際には、どこに避難するかも伝達を！

避難場所の種類と注意点

指定避難場所は、地域人口などの兼ね合いで、必ずしも最寄りの施設でないこともあります。

特に、津波など災害の種類別に、指定場所が異なる場合もあり要注意です。

☆広域避難場所以外では、名称や役割が地域によって異なるので確認しましょう。

一時避難地（一次避難地）

災害時の一時的な避難地・広場・公園。自主防災組織の元で、集団避難する際の基点となります。

広域避難場所

被害拡大時に一時避難地からさらに避難する大規模公園など。2002年3月より全国統一マークになっています。

収容避難所

災害で生活の場を失ったりそのおそれがある人を、一時受け入れ、生活機能を提供する避難所。主に公共施設や学校が指定され、地域の被災者支援の拠点にもなります。

福祉避難所

要介護者や障害者など 特別な支援を要する人を対象とした収容避難所。

自治体施設以外に、特別養護老人ホームなど、民間施設を使う場合もあります。

公民館

局所災害で被害件数が少ない場合、ここで済ませてしまう場合もあります。ただし、大雨で避難した場所が浸水するなど、起きている災害に対して安全な場所かどうか確かめてから避難しましょう。

わが家の避難場所はどこ？

12～13ページで書き込んだ、わが家の避難方針を確認しておきましょう。

家族の安否確認と安否報告

> **❗ 事前合意がないと混乱の元**
>
> 安否確認媒体は、複数あるため、家族や親類の間で、どの媒体を使うか合意がないと、混乱の元に。連絡が付いた際には、今後の利用媒体を必ず伝え、混乱を防ぎましょう。

主な安否情報媒体

NTT災害用伝言ダイヤル171

音声伝言を48時間まで録音・再生可能

NTT災害用ブロードバンド伝言板web171

https://www.web171.jp/　PC版のみ

NHK安否情報放送

教育テレビ・FMで放送。放送した情報の検索も電話・ネット・データ放送でも確認可能

携帯各社災害用伝言板

検索は他社携帯・PCからでも可能
DoCoMo imode災害用伝言板
http://dengon.docomo.ne.jp/top.cgi
au/TU-KA EZweb災害用伝言板
http://dengon.ezweb.ne.jp/
SoftBank 災害用伝言板
http://dengon.softbank.ne.jp/

避難でわが家を離れる際に

❗ 避難後の被害も注意

せっかく無事でも、復旧時の二次災害で、家が焼ける事例があります。また、避難中をいいことに全島避難中の三宅島を狙った窃盗犯もいます。避難時も、被害を招かない知恵が必要です。

家を出る際のチェック事項

1. はずれた受話器は電話へ戻す
   はずれたままだと、回線混雑の元。かかって来ても通話中で繋がりません。
2. ガスのメーター栓を遮断
   万一の屋内配管の破損に備えましょう。
3. 電気のブレーカーも遮断
   復旧した際の漏電・通電火災を防ぎます。
4. 冷蔵庫内のものを庫外に
   電源を切ると冷蔵庫が水浸し、中身も腐って後始末が大変。中身は出して非常食に。

近所に一声＋書き置きは家の中

無用な混乱を招かぬよう、隣近所には避難先を告げます。

外出先の家族への書き置きは、外ではなく玄関の中へ。犯罪者に隙を与えない工夫も大切です。

避難経路は近さより安全を

❗ 急がば回れで安全優先

普段は気にもとめていなかった物が、災害時に危険物になる可能性もあります。せっかく五体無事に避難しても、二次災害で死傷することを避けるために、避難する際には、速さよりも安全が最優先。無事に被災生活へ移れるよう万全を期しましょう。

より安全な避難のために

被災直後の街頭は危険がたくさん。瓦礫が多い路地より、逃げ場も多く、広めの道路が安全です。

要注意箇所
- 木造住宅密集地の火災
- ブロック塀や自動販売機などの重量転倒物
- 室外機や屋外広告、外壁・瓦などの落下物
- 水害の避難は20〜21ページを参照

地域安全マップの活用

ブロック塀などの危険箇所や、住宅倒壊・火災危険率が表示され、安全な避難の参考に。

帰宅困難の家族はいつごろ合流できる？

❗ 帰宅困難者の目安は20km

大規模災害では、交通混乱で職場や学校などから、徒歩帰宅になる場合も。自宅まで20km以上あると、帰宅困難に直面します。

帰宅困難者の予想される姿

3大都市圏の最大推定人数

南関東1都3県　約650万人

京阪神地区　約273万人

東海3県　約134万人

内閣府、中央防災会議、愛知／三重／岐阜県

帰宅まで推定のデータ（新宿区 帰宅困難者対策報告書 2004年）

- 10km未満：当日中にほとんどの人が帰宅可
- 10〜20km：1kmごとに当日中の帰宅断念が1割増
- 20km以上：最低12時間以上、当日中の帰宅困難
- トイレ回数：平均8.2kmに1回

こんな苦労を予期しましょう

- 慣れない道を探しながら歩く手間
- 大量の避難者が道に集まる危険
- 革靴による普段以上の疲労と痛み
- 瓦礫や建物損壊による足場の悪さ
- 橋の落橋や損壊での足止めと迂回
- ライフライン特にトイレの不便

第4章　避難と被災生活のスタート

徒歩帰宅支援ステーション

多くの自治体は休憩場所・トイレ・情報・飲料水の提供先としてコンビニ・給油スタンド・外食チェーン・郵便局と協定を結んでいます。また、徒歩帰宅者の集まる道沿いの公立施設でも支援が予定されています。

帰宅困難者1万人以上の自治体では支援用の防災公園を順次整備中です。ルート上にある場合は利用しましょう。

歩き続ける注意点

- 特に革靴で歩く場合、足の限界は意外と早い。

- 職場や学校に運動靴がない場合、20km前には靴ずれ発生。絆創膏や靴ずれパッドの調達を。

- 実質的限界は30km/日。 痛みで歩が進みません。

- 明日に備えて夜は無理せず安全と休憩確保を。

特殊ニーズの家族へ緊急対応を

避難より緊急対応を優先

災害による停電や医療・薬の供給寸断で、命を左右する家族がいる場合、身の安全を確保した後、以下のいずれかに支援要請を。

- 主治医、関連医師会
- 在宅医療機器業者
- 社会福祉協議会、保健所
- 訪問看護ステーション
- 患者会、患者団体

特に緊急対応が必要な場合

在宅医療機器利用者

- 上記該当先に連絡をして、予備バッテリーや酸素ボトル、代替手動機器を準備します。
- 多電源対応機器なら、使用者ごと車に移動。エンジンをかけ、シガーライターで駆動。
- 自主防災倉庫で発電機調達(あくまで緊急避難、バッテリー充電に使うのがよい)

人工透析患者

- テレビ、ラジオ、同報無線で施設の被災や代替透析機関を放送するよう、地元放送局や自治体と災害時協定を結ぶ地域もあります。
- 各地の状況は、以下でも確認できます。

(財)日本透析医会 災害情報ネットワーク
http://www.saigai-touseki.net/
03-3255-6471(医会事務局)

被災生活の始まりは、3つの選択から

> **❗ 当面の暮らしを左右する選択**
> 　ここまで、何とか身の安全は確保できました。でも自宅はかなりの被害で、日常生活にすぐ戻れそうもない？　となると、本格的に被災生活の拠点を選ばなくてはなりません。

3つの選択肢と利点・欠点

1. 収容避難所 → 詳しくは56ページ参照

　一般的なイメージとは異なり、家が全壊またはそのおそれで、住む場所がない人だけの入所が原則。多くの自治体では、収容数が人口の数％程度で、誰でも入れるとは限りません。

2. 縁故避難

　安全な地域にいる親類縁者宅への避難。近親者ゆえの安心感と、ある程度のプライバシー確保が利点。反面、気兼ねや、地元被災者支援制度を受けられない場合もあります。地元で不明騒ぎにならないよう、避難は、近所や自主防災組織に行き先を必ず告げてからにしましょう。

3. 自宅避難 → 詳しくは57ページ参照

　実質的に大半の人はこの選択肢。ライフラインのない状態で、自宅や庭先、車内や空地で暮らす知恵が求められます。

Chapter 5

被災生活を乗り切る知恵

被災翌日～

普段の暮らしとは違い、何かと制約の多い被災生活。これから迎える被害復旧や生活再建などの課題に立ち向かうためにも、実態を知り創意工夫で乗りきりたいもの。この章では、被災生活で直面するさまざまな場面に役立つ対処のポイントを解説します。

まっ先に被害記録と罹災申告を

❗ 再建への第一歩が始まる

災害の衝撃を切り抜け、いよいよ被災生活に移ります。でも、避難所で耐えるイメージと違い、それは忙しい日々の連続です。なぜなら、生活再建をより有利に進めるための闘いも、同時に始まるからです。

被害状況を写真に残す

復旧作業後に元の被害は二度と撮れません。

片付け・修繕・解体を始める前に、可能な限り、たくさんの記録写真を残しましょう。後で被害の客観的証拠がないため、被害認定や保険鑑定が、軽くなっては悔やまれます。

❗ 撮影のポイント

- ☐ 建物や外観を一周分
- ☐ 基礎部分の被害箇所
- ☐ 各部屋の概観一周分
- ☐ 被害箇所は周辺部も
- ☐ 家財も地震保険や家電補償対象なら記録

カメラが用意できなければ、次善の策で携帯電話内蔵カメラも活用できます。

罹(り)災届・罹災証明願の提出

災害で被害が出たら、罹災届（罹災証明申告書）の提出が必要です。生活再建のために、最も大切な手続なので、必ず行いましょう。申告が遅いと罹災証明書の発行が遅れ、困る場面が多々あるので、被害確定後、早めに申告しましょう。

罹災証明書が必要な場面
- 給付金や義援金受給
- 税金や各種料金減免
- 損害保険の請求
- 仮設住宅への入居
- 職場や学校への申請
- 被災者向け融資申込

どこに届け出る？
- 役所の防災担当課
- 消防署窓口の場合もあります。

手続きに必要なものは？
- 認め印
- 被害の記録写真（焼き増しが良し）
- 中には、自治会長などの押印や証明を必要とする自治体もあります。

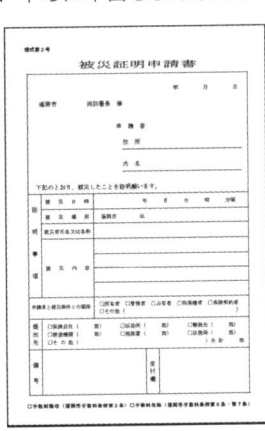

第5章 被災生活を乗り切る知恵

収容避難所のルール

❗ 集団生活にルールあり

家屋が全壊したりそのおそれがあって、居住場所を失った人のための収容避難所。収容人数も数百人規模なため、入所のためのルールが存在します。

収容避難所はどんなところ?

- 家族単位で避難者名簿への登録が必要です。
- 支援は名簿登録人数に基づき提供されます。
- 1人当たりの面積は約2平方メートルです。
- ペットは指定場所で、居住部分には持込禁止。
- 来客や伝言は受付で取り次ぎ、外来者は許可なく中に入れません。
- 食料や救援物資は、避難所内外を問わず必要な人に提供されます。
- 裸火は厳禁、飲酒や喫煙は指定場所でのみ。
- 防犯面から終夜消灯しない場合もあります。

避難者も各種当番あり

避難者はお客様で、必要な世話は自治体やボランティアがしてくれるイメージがありますが、実はそうではありません。

一部の行政担当者に避難所住民が加わって、避難所運営委員が組織されます。その他の避難者も組分けされ、総務・管理・情報・食料・物資・保健・清掃などの当番が当たります。

自主避難の実態と工夫

❗ 短中期に多い自主避難

収容避難所に入れず、二次災害のおそれや散乱で家に入れない。持病やペットなど、さまざまな事情で車中泊や庭・空地での自主避難を選ばざるを得ない人は多くいます。

実例とより便利に過ごすアイデア

- マイカーでの車中泊
- 集会用テント＋側面をシートで覆ったもの
- キャンプ用テントやシートの即席テント
- カーポートなどの軒先
- ビニールハウスの転用

風雨や寒さ対策を

テント等の場合、居住空間への浸水やすき間風は、心身を相当消耗させます。シート等で本体に直接雨を当てないよう上張りの追加や、底に板を敷き煉瓦等で地面から離しましょう。

車中泊では、キャンプ用フォームマットやこたつ用保温マットで窓を埋め、就寝時の寒さ緩和を。

普通車では1時間のアイドリングで約800ccの燃料を消費します。なお、エコノミークラス症候群対策は66ページを参照してください。

被災生活での食事情

> **❗ 1週間は協力と工夫を**
> 残念ながら、公的備蓄食は住民1人当たり1食未満の自治体が大半、多くは外部からの協定物資に頼る現状です。被災1週間頃まで、協力と工夫で不便を補う気構えが大切です。

災害時の食糧事情

災害の規模・種類・場所で差はありますが、被災後は、おおむね以下の経過を予期しましょう。

発災初期
公的備蓄食のアルファ米などで作るおにぎり程度。

発災3、4日ごろ
外部から救援物資が届き始め、菓子パンやカップ麺が加わる。単発的に温食の差入れがある場合もあります。

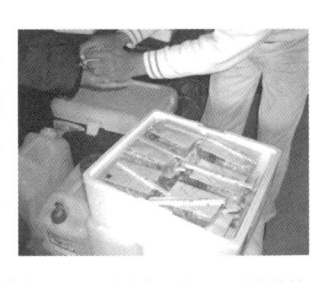

発災1週間ごろ
避難所での炊事態勢が整い、外部からも支援スタッフが到着し始めると、弁当や温食の安定供給が始まります。

自主避難や数十名程度の避難所では、支援到着が遅れがちです。自宅から食材を持ち寄って、被災初期の食を改善させたほうが良いでしょう。

水害では特に深刻

水害の場合、備蓄倉庫自体が浸水して食糧がダメになります。避難所が孤立しても、救出活動にボートが優先され、物資輸送が遅れ、食糧不足に陥る例もあります。水害は特に、必要な物資・食糧を確保して避難しましょう。

避難所入所者は炊事当番も

被災後数日が過ぎ、避難者が確定するころ、炊事を含む各種当番が割り当てられます。当番に出ない、その他のトラブルを生まないよう注意しましょう。

防風対策で燃料を効率良く

寒い時期の被災生活での屋外調理では、風で調理器具の炎が煽られ、熱伝導が極端に悪くなります。実際に被災地でも、大鍋の水がいつまでも沸騰せず、調理に時間がかかり、燃料が不足する事態に……。

貴重な燃料を効率的に使うためにも、五徳の周囲に風防を立てるなどの工夫をしましょう。

第5章 被災生活を乗り切る知恵

被災生活での水の確保

❗ 給水拠点まで1〜2kmが目安

多くの自治体では、拠点給水・運搬給水を組み合わせ、1〜2kmごとを目安に給水拠点を開設します。水道復旧は中長期にわたると見越して、日々の給水に備えましょう。

給水支援の各種方法

浄水場・配水場

地域水道局の貯水施設で確保した水を提供。ただ、施設損壊や冠水に弱い側面もあります。

耐震性貯水槽

避難拠点に増えつつある、緊急遮断弁が付いた水道管直結式の大型地下水槽。中には10万リットル級も。

災害用井戸

自治体独自の、また善意で協定を結んだ一般の井戸を、災害時に地域へ開放する自治体もあります。

給水車による運搬給水

最もお馴染みの、水道局や自衛隊の給水車での運搬配水。前述の拠点給水以外の地域へ出張します。

被災者側の知恵

運搬用具も持参して

タンクなどに入れた水を、素手で持ち帰るのは大変な重労働です。折り畳みカートや台車、ゴムひも等を活用して、苦労を減らしましょう。

雑用水は周辺で調達を

飲用以外の水は、可能なら用水路など周辺で調達し、貴重な飲料水の有効活用を。給水用の容器類も、区別して使いましょう。

待ってはくれないトイレ問題

❗ トイレ確保は被災生活の要

被災生活の活力を得るため、しっかり食べるにはきちんと出せる環境が不可欠です。トイレを我慢しすぎ、腎盂炎や尿路感染症になったり、水分を控えエコノミークラス症候群を加速させる危険も。トイレ環境の確保は、人命すら左右する被災生活の要と心得ましょう。

仮設トイレはどれくらい保つか

災害用仮設トイレは収容避難所や広域避難場所など、主に防災備蓄倉庫のある拠点施設に整備されています。

一般的な汲み取りタイプで、1基の容量は約400Lほど。100人で使うと約3日、400人で1日で満杯に。ちなみに過去の事例では、

  大都市部：阪神淡路大震災 600人／基
  地方都市：新潟県中越地震 250人／基

という結果でした。

加えて道路事情悪化で、汲み取りや協定先からのトイレ到着が相当に遅れることも生じます。近年、下水道接続型仮設トイレが、徐々に整備中ですが、下水管破損や水害での冠水があればやはり使えなくなります。

トイレ環境確保の工夫

共通事項

- 汚れ低減と利用マナー向上のため、トイレ掃除当番は使用する全員を関わらせるのが良いでしょう。
- 拭いたペーパー類は便漕でなく、極力ゴミ袋に。仮設トイレでは、タンク容量節約と詰まり防止のため必要です。

仮設トイレを有効に用いるために

- 汲み取り式仮設トイレでは、時々便漕内をならし棒でならせば容量を有効に使えます。
- 和式簡易水洗トイレでの大は、便器に敷いたペーパーの上に用を足すと、きれいに流れて汚れも少なくできます。
- トイレに困る自主避難中の人は、防災拠点から処理袋と凝固剤を調達しましょう。自宅や公園の便器に被せれば、用が足せます。最悪、掘った穴やビニール袋に用を足す際、その都度石灰か灰を掛けます。

被災生活での衛生確保

❗ 現代人に大きなストレス

ライフライン寸断の不便さに加え、後片付けなどで普段以上に汚れるのが、被災生活の常。毎日でも入浴する現代人には、相当なストレスです。特に暑い季節は不快さも絶大なので、知恵で乗りきりましょう。

被災生活での入浴支援例

自衛隊の仮設風呂支援

大規模災害後の光景として定着した感のある、自衛隊の仮設風呂。

災害派遣要請を受けて、はじめて出動するため、支援の展開はどうしても被災後数日から1週間近く、かかってしまいます。

公共・民間施設の開放

地元の公共福祉・体育・温泉施設や民間の入浴・宿泊施設でも、無料もしくは特別価格で入浴支援を提供する場合も増えています。詳しい内容は、防災無線や自治体のサイトで順次広報されるので、よくチェックしましょう。

ライフライン途絶下での知恵と工夫

避難所や水害時は特に手洗いを

水害で下水道や浄化槽が冠水すると、逆流した汚水やし尿などの汚物で不衛生になり、感染症や食中毒が発生しやすい危険な状況に。

また、避難所生活でもインフルエンザや感染性胃腸炎などの蔓延例も。十分な手洗いと、自治体配付の消毒薬などで衛生管理を。

口腔ケアで誤嚥性肺炎を防止

歯磨きがおろそかになると、口内雑菌が飲食物とともに誤って気管に入り、誤嚥性肺炎が起きやすくなります。特に高齢者・要介護者では致命傷にもなりやすく、被災生活では意識的に口腔衛生を保つ注意が必要です。

衣類は化繊系スポーツウェア類が◎

被災生活は着たきりになりやすいもの。家に衣類を取りに戻るなら、化繊系のスポーツウェアやTシャツ類を。洗濯後すぐ乾き、長期間着ても湿気で不快になりにくい速乾性。また寝間着に外出着に見苦しくない汎用性を併せ持ち、重宝かつ快適です。

被災生活での健康問題

❗ 助かった命を無駄にしない

普段と違う環境ゆえに起きる、被災生活での健康問題。せっかく助かった命を二次災害で損なわないため、知恵をもって予防策を講じましょう。透析など緊急性のある持病については、51ページもチェックしておきましょう。

マイカー避難者に多い静脈血栓塞栓症

同じ姿勢を続けて、ふくらはぎの静脈でよどんだ血が、水分を控えた脱水症状で血栓化。肺塞栓で突然死を起こすのが通称エコノミークラス症候群です。車中泊が3日以上続くなら要警戒です。

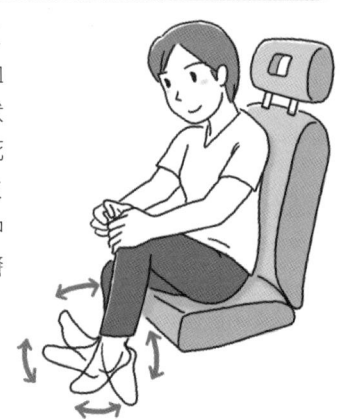

被災生活で
血栓を作らないために

①定期的にかかとの上げ下げや、ふくらはぎのマッサージを行って、血栓ができないよう体を動かす。

②終日同じ姿勢にならない生活空間の確保。ブルーシートやキャンプ用テント、車庫やカーポートなどを活用しゆとりある居住空間をつくりましょう。

③トイレ環境を改善し水分補給。十分な水分摂取には、安心して出せる環境作りが大事。63ページを参考に、簡易トイレや便器に被せ、排泄物を固める処理袋の調達を。

収容避難所に多い感染症

特に冬場のかぜやインフルエンザ、ウィルス性胃腸炎、また夏場の細菌性胃腸炎は要注意。接触感染・飛沫感染の防止に、まめな手洗いとうがい、マスクの着用を心掛けましょう。

被災生活でおきやすい他の症状

心筋梗塞・脳梗塞

阪神淡路大震災では、災害関連死の約7割を占めた心臓・脳血管疾患。被災のストレスで、血圧の上昇や血液が固まりやすくなり、血液凝固防止薬の効果を弱めて起こります。救護所やかかりつけ医と連絡を。

たこつぼ型心筋症

突然の胸痛や呼吸困難をともなう、女性に多い急性心筋梗塞に似た心筋障害です。適切な治療と安静で軽快するので、早めに受診をしましょう。

尿路感染症

不衛生な着たきり生活で、尿道炎や膀胱炎になり発熱・排尿痛が起きます。一度かかると完治しにくく、致死的な敗血症にもなり得るため、清潔を保つとともに、心配なく水分摂取・排尿ができるよう、62ページを参考にトイレ環境を確保しましょう。

乳幼児がいる家庭の被災生活

> **! 公的備蓄は最低限な現状**
> 乳幼児用公的備蓄は、粉ミルクや哺乳びん、紙おむつが中心。離乳食や哺乳びんの消毒資材などは、ほぼ皆無に等しい状況です。また各避難所ではなく、集中して備蓄される場合も多く、支援を受けるまで時間がかかります。

直面しがちな問題

- 燃料や水が不十分な状況で、調乳や煮沸消毒用のお湯が不足しトラブルになる。
→相談・調整は、炊事当番でなく避難所運営委員へ。

- 泣き声など、周囲に気をつかい疲れる。
→早期に、福祉保健担当課や子育て支援センターと連絡を！

- 子守りに追われ、家の片付けができない
→負担を抱えすぎないよう、買い出しや家の整理など、まかせられる範囲はボランティアを活用しましょう。

- 問題過剰なら、近くの親族・身寄り先への縁故避難、福祉避難所への移転も考慮しましょう。

年配者と被災生活

> **!** **気後れせず支援を求めよう**
> 「迷惑をかける」とがまんの末に深刻な事態になっては、自他ともに余計に大変です。今の避難先での生活が困難なら、迷わず援助や福祉避難所への移動を申し出ましょう。

年配者特有の注意したい危険

トイレ・食事不備による悪循環

堅い食事に不便なトイレで飲食を控えると、体調を崩す悪循環に陥ります。

- 堅さを調節できるアルファ米やフリーズドライ非常食や、介護食（ユニバーサルデザインフード）の活用を。
- 62ページを参考にトイレの改善もしましょう。

せん妄の発症、認知症の悪化

被災生活の疲労と急な環境変化は、会話混濁、突然の興奮など、せん妄という意識障害や、認知症の要因に。生活リズムを感じる環境作りで対策を。

- 陽がさし昼夜の区別が付く居場所を確保
- 日中は、散歩や人との交流を持つ

生活不活発病（廃用症候群）

今まで歩けた人が、動かない生活で寝たきりなど、生活機能が衰え後生を大きく制限されます。

- 周囲を整頓し、歩きやすい環境を作りましょう。
- できる役割や仕事は、自ら担いましょう。

アレルギー体質を持つ人の被災生活

❗ 対応を吟味し快適な選択を

避難所側の運営マニュアルは、アレルギー患者の細かい必要には未対応なのが大半。場合によっては、福祉避難所への移動や、避難所から支援情報を得つつ、在宅で被災生活をしたほうが、快適な場合が多いです。

主なアレルギーと対策

食物アレルギー

アレルギー対応食・粉ミルクの公的備蓄は「ないもの」と考え対応しましょう。支援食糧のアレルゲン混入をよく確認して、最悪はカセットコンロなど調理器具と、普段の食材を自宅から持ち出して、自炊する覚悟も必要です。

アトピー性皮膚炎

更衣室も不十分で、居室のプライバシーもない避難所生活はアトピー家族には不向きです。綿製品は低刺激な反面、着たきり生活には湿気を溜めて不快なので、着替えを多めに確保しましょう。

多種多様なニーズのアレルギー患者に公助は力不足です。専門的な提案を得るため、地元かかりつけ医、保健センター、社会福祉協議会や患者会に連絡しましょう。

いざという時の相談先 (記入表は15ページ)

アレルギーの会全国連絡会
http://www.allezen.net/　E-mail info@allezen@net

NPO法人 アレルギー支援ネットワーク
http://www.alle-net.com/　TEL 052-721-9838

障害を持つ方と被災生活

❗ 自分の状態を早めに伝える

経験がないことは、善意ある人でもなかなか理解が困難です。誤解を防ぎ、より良い被災生活を送るために、自分の状態や必要を知らせましょう。特に外見でわかりにくい、内部・聴覚・言語障害などのある方は必須です。

状態ごとの注意点

視覚障害者

入所時には、避難所内を把握するため内部案内や、定期的に掲示板の新着情報の音読をしてもらい、情報孤立を防ぐよう、手配しましょう。

言語・聴覚障害者

定期的に避難所内の掲示板をチェックして情報収集を。なお会話には筆談のほか、携帯電話のメール・メモ画面を活用したり、よく使う会話をカードに作ると便利です。

難病患者・内部障害者

食餌制限・治療食・投薬・器具や装具の管理が必要な方は、避難所運営組織に早期に申し出て、必要な手段や場所の確保を。

精神障害者

普段と違う避難環境への適応は難しいため、まずは普段通う学校・施設へ、次いで福祉避難所へ避難可能か確認を。やむなく在宅被災生活をする場合、最寄りの避難所に状況を申告し、被災者支援を受け損ねないよう注意を払いましょう。

ペットの被災生活と飼い主の心得

❗ 飼主責任での世話が基本

被災初期のペット支援は、主に居場所の提供程度。ペット用公的備蓄はなく、世話や物資調達は飼主責任が基本です。ペットのために在宅被災生活をする人も、支援情報を得るため、避難所への罹災申告と定期連絡を行いましょう。

避難所でのペットの扱い

避難所に連れてきた動物は、人と同じく、まず避難者台帳への登録が必要です。

居住区画から離れた屋外に飼育場所が指定され、屋内持込は禁止されます。ただしリードやケージがないと受入拒否の場合もあります。

ペットに対する支援と連絡先

短期的には、主に飼育・健康相談、ケージなど飼育器具の貸出が、中長期的には、一時預かり・里親譲渡が行われます。連絡は自治体の動物保護センター、地元の獣医師会、または下記の動物愛護団体へ。

(財) 日本動物愛護協会　TEL03-3409-1822
(社) 日本動物福祉協会　TEL03-5740-8856
(社) 日本愛玩動物協会　TEL03-3355-7855

災害のストレスから子どもを守る

子どもは特にケアが必要

子どもは感情処理がまだ上手でなく、災害によるストレスを抱えがち。兆候を見きわめ、早期のケアが大切です。特に復旧作業や生活再建で親が不在がちな時期は要注意です。

過去の災害でのストレス兆候

普段と違う以下の行動が観察されています。

退行現象	甘え、おもらし、指しゃぶり、爪噛み、チック
防御反応	無気力、無表情、無感動、無口、固執、集中力低下、物忘れ、怒りっぽい・反抗的、急に良い子過ぎ・がんばり過ぎ
パニック	フラッシュバック、感情失禁(突然泣く・怒る)
身体症状	食欲不振、不眠、じんましん、円形脱毛、ぜん息発作、自律神経失調、吃音(どもり)
災害遊び	災害ごっこ、玩具類での破壊遊び

どのようにケアするか?

- 言葉と触れ合いで与える安心感が最良の薬。
- 吐露した心情は叱ったり助言しない。
- 独りより、他の子どもと遊ぶ環境作りや、できる手伝いや役割を担わせましょう。
- 一見、不謹慎な災害ごっこは、子どもなりの感情整理。危害がなければ容認し、問題なら絵や玩具など代わりの表現手段を。
- 親が不在がちな時期には、子どもの監督や遊びを援助できる人やボランティアの活用を。

被災生活下の生活物資調達

> **!** **外的支援は中期以降**
> 被災生活も長引けば、日用品はじめ物資調達が必要です。支援は官民ともに被災中期以降になるため、当面の間は、わが家や近所で計画性と協力のもと調達が必要です。

生活物資の入手機会

支援拠点での物資配付

多くの自治体では、善意の救援物資や災害協定先からの供給待ちで、集積や仕分けを経てから行われます。

被災者向けフリーマーケット

地元で自発的に、また被災者支援団体により行われるものもあります。ただし、被災者の弱みにつけ込み、生活物資頒布と称して法外な値段での販売行為には用心しましょう。

被災エリア外への買い出し

広域災害でも20km離れると、店舗事情は好転し、物資の入手が容易になります。久しぶりの気分転換も兼ね、時間を多めに取って出かけるのも良いでしょう。
- 入浴宿泊施設の被災者優待利用ついでに
- ガソリンスタンドへの給油ついでに

日々の生活情報収集

❗ 適材適所のメディア選択を

ライフライン復旧状況や、給水などの支援予定など、地元の被災生活情報は、テレビやラジオではなかなか得られません。的確な情報収集で、労力の有効活用を。

生活情報を得やすい情報源

●避難所の掲示板
地元災害対策本部からの最新情報が送られます。

●同報系防災行政無線
●コミュニティFM
同報系防災行政無線の補完的役割で存在するため、地元自治体や消防から直接情報が入りやすい。

●携帯電話やパソコン
ネット接続可能なら、地元役所と都道府県のWebサイトから、避難所レベルの詳細な生活情報や復旧状況を確認できます。

●テレビやラジオの県域放送
全国向け番組は、災害の全体像の把握には有効ですが、地元情報は期待薄。

お金が傷んでしまったら？

あきらめずに鑑定を

お金が水害で泥だらけ、火事でお札が灰に。そんな時でも、諦めるにはまだ早い！ 痛んだお金は、無料で引き換えてもらえます。

汚損紙幣・硬貨の引替基準

2/3以上残った場合　　　　2/5～2/3の場合

2/5未満の場合は0円　　　溶けた硬貨は重さで判別

引替手順と利用上の注意点

- 最寄りの金融機関、または日本銀行の本支店にご持参ください。手数料は無料です。
- 灰になっても紙幣と確認できれば有効です。なるべく原型を崩さず、崩れた部分も集め、容器などに入れて提出すると良いでしょう。
- 損傷がひどく判別が難しい場合、日本銀行へ送られ鑑定を受けます。そのため期間がかかります。
- 鑑定額は確定後に、依頼者の銀行口座へ振り込まれることになっています。振込口座の情報も忘れずに。

被災生活での お金の引き出し

> **災害で通帳類を失った！**
> 被災生活は不測の出費が多く、当座のお金は必要です。災害で通帳類や印鑑を失ったら、通帳番号・本人確認書類または罹災証明書を用意して、窓口で相談しましょう。

金融機関の災害時対応

災害救助法（100ページ参照）の適用地域では、金融機関による非常時対応が行われ、本人確認と拇印の捺印で、各行の定めた期間と限度額の範囲に応じて、出金ができます。

通帳類を失った際の緊急対応

都市銀行 地方銀行	預貯金の「便宜扱い」 10～20万円、各行で基準あり 例：スルガ銀行　20万円まで
ゆうちょ銀行 (郵便局)	郵便貯金等の「非常取扱い」 郵便貯金　　　　　20万円まで 郵便振替・為替　　10万円まで

- その他金融機関は、本人確認書類から契約者情報が確認でき次第、預入額に応じて出金ができます。
- 通帳類があれば、通常どおり入出金ができます。
- 定期預金や定額預金を担保にした、災害時貸付制度や満期前の中途解約（中途解約時利率に下がります）も可能です。

本人確認・社会保障書類をなくしたら？

❗ まずは写真入り証明書を

身分証明書類を失うと、非常に不便なので、できるだけ早期に再交付を受けましょう。できれば官公署発行の顔写真入り身分証明の再交付を先に請求すると、その後の諸手続が、確実かつ短期間で済み便利です。

重要書類の再交付

まず最初に、運転免許証・住民基本台帳カードやパスポートなど、写真付き本人確認書類の再交付を受けましょう。

運転免許証の再交付

管轄の運転免許試験場で即日、警察署では約2週間程度で再交付されます。必要物は身分証明書・認印・写真・手数料（3000円台）です。

実印の再登録

役所窓口で、失った印鑑の亡失届と、持参した新しい印鑑を登録します。

社会保険証の再交付

- ●国民健康保険被保険者証 ── 役所窓口
- ●国民年金手帳 ── 役所窓口
- ●健康保険証 ── 社会保険事務所
- ●厚生年金手帳 ── 社会保険事務所
- ●その他健康保険 ── 社会保険事務所

医療保険証の亡失と保険診療

被保険者証や医療券を失っても、保険診療・公費医療が受けられるよう、大規模災害時には国からの通知で非常措置が行われます。

非常措置適用時に、氏名・生年月日・住所の申告で受診可能な医療保険証類

- ●国民健康保険証
- ●健康保険（事業所名も申告）
- ●生活保護受給者医療券　（福祉事務所名も申告）
- ●特定疾患医療受給者証
- ●結核予防法に基づく患者票
- ●母子保険法に基づく養育医療券
- ●児童福祉法に基づく育成医療券
- ●障害者自立支援法に基づく更生医療券
- ●精神保健法に基づく患者票
- ●戦傷病者療養券
- ●被曝者健康手帳

なお、避難所に開設される救護所での応急処置、または巡回健康相談を受ける費用は不要です。

保険・有価証券類を失ったら？

> **❗ 再発行の依頼は早急に**
> 災害で保険証券を失っても契約は有効です。また、有価証券も再発行できますが、時間がかかります。手続きは早急に。

失った保険証券の再発行

　保険証券を失っても、契約や保険金の請求権は失効しません。保険会社コールセンターや代理店に連絡し、再発行のための書類送付を依頼しましょう。

　損害保険・生命保険・簡易保険ともに、記号番号がわからなくても、登録情報と照合し、本人と確認できれば大丈夫です。

必要物：保険証券再発行請求書、本人確認書類
　　　　印鑑証明書、実印
手数料：不要

　地震・火災保険の被害鑑定と、支払いまでの概要は109ページでも解説しています。

失った有価証券の再発行

証券会社に未入庫の現物株券（タンス株）

　商法で定める「株券失効制度」に基づき、株券発行会社へ喪失登録を行います。登録後約1年で、発行会社に新株券を請求できます。

必要物：株券喪失登録申請書、罹災・被災証明書
手数料：会社により異なる　申請＝3000円〜1万円／件
　　　　　　　　　　　　　株券＝500円程度／枚

それ以外の株券

売買に支障はありません。しかし、パソコンや携帯電話で取引をする人は、ネット環境が復旧するまでの間、値動き確認や発注が困難です。緊急性のある用件は、証券会社の店頭へ出向いたり、コールセンター・テレフォンサービスを利用しましょう。

債券・手形・小切手

まずは発行会社や振出人・銀行に連絡しましょう。次いで商法で定める「除権判決制度」に基づき、簡易裁判所に公示催告の申し立て手続きを行います。

官報による公告を経て、申し立てから約4カ月ほどで除権決定が下され、判決文の提示により再発行を請求できます。

必要物：公示催告申立書
　　　　発行元の証明書（振出・売渡など）
　　　　裁判所への上申書
　　　　罹災または被災証明書
　　　　住民票または登記簿
　　　　印鑑証明書
　　　　委任状（弁護士に依頼する場合）
　　　　その他書類は簡易裁判所で

手数料：申し立て　1,000円／件
　　　　予納切手代 2,000円程度
　　　　官報掲載料 20,000円程度

> **注意**：公示催告の申し立ては、発行元本社の所在地を管轄する簡易裁判所まで。申立人の地元簡易裁判所ではないので、ご注意を！

被災者を狙う犯罪や詐欺にご用心

❗ 手口知って対策を

犯罪者は被災地さえも、標的にします。被害に遭わないよう、災害に乗じる犯罪者の手口を知って、スキを与えないことが大切です。

避難生活での犯罪事例

避難中の留守を狙った窃盗

- 2005年福岡県西方沖地震で福岡市中心部の避難宅を狙った空き巣。貴金属約13万円相当が被害。
- 集中豪雨による土石流のため、家人不在の家に無職少年が侵入。現金とバッグを盗み逮捕。
- 噴火のため全島避難をした三宅島で、2001年だけで29件・220万円の空き巣被害。

被災者親族への振り込め詐欺

- 2004年新潟県中越地震で、娘や自衛官を装った人から「娘が地震で事故を起こし、ヘリで緊急輸送が必要」と、300万円をだまし取られる。
- テレビの安否情報を悪用し、消防職員を装って「被災者親族が送金を希望している」と金銭を要求し逮捕。

復旧段階での犯罪事例

ライフライン業者を装った窃盗や請求
- 電力会社の名を騙り、電気の点検と称し、家人にメーターを見に行かせた隙に、財布を盗まれる。

被害判定に乗じた詐欺
- 架空の「建造物診断士」を名乗る者が、「自治体や保険会社の被害認定に必要」と応急危険度判定(86ページ参照)のまね事をして高額の診断料を請求。

手続き代行詐欺
- 電力会社の名を騙り「電気料金の値下げ措置の代行申請を行う」と称して、個人情報を聞き出す。

一般市民への義援金詐欺
- 被災地周辺の家を、身元を名乗らない男女2人組が訪問し「震災で困っている人にカンパを」と求める。
- 共同募金会など実在の団体や、公的団体に似た名称で、振込先口座と発送元を変えたメールや手紙が全国で相次ぐ。

被害を防ぐために

- ライフライン業者は、災害による点検の際、その場で料金を求めることはしません。必要なら利用料とともに後日請求されます。

  自治体職員、消防救急、自衛隊など公務員は、被災者支援の際に現金を求めません。
- 自治体や保険会社は、被害判定に関連して金銭を求めることはしません。
- 義援金などの寄付は、報道や募集先の公式Webサイトで直接確認できる、被災自治体や支援団体の口座に送金しましょう。

保険会社に被害報告を申請をしよう

! 連絡は早めに

保険会社は、請求から1カ月以内の被害調査を目標としますが、広域災害では被災件数が多いため調査も遅れ、被災者の生活復旧も遅れます。保険会社への連絡は、被害確定後、早急に。

被害別の保険種別と請求

火災保険	火災（地震の場合を除く）・風水害による建物や家財被害
地震保険	上記に加え、地震・津波・噴火による建物や家財の被害
生命・傷害保険	災害による家族のケガや死亡
車両保険	車の火災、風水害、ひょう害、雪害（詳しくは94ページ）
一部の家電補償	家電製品の火災・落雷・水害（同上）

保険請求の際に揃えたい書類

☐ 保険証券（失っても契約は有効です。保険会社へ連絡し、契約情報の照会を受けましょう）

☐ 罹災または被災証明書 （88ページ参照）

☐ 被害状況を撮影した写真 （54ページ参照）

☐ 住民票の写し （世帯全員分）

☐ 建物登記簿謄本

地震保険は、発災より9日後までの被害が補償対象。発災から10日後以降に生じた損害との切り分けができるよう、被災記録を整理しておきましょう。

Chapter 6

被害の後片づけと応急復旧

被災数日後～半月

災害による被害の後片づけ・応急復旧は被災生活と同時進行、遅くとも数日後には直面する大きな課題です。制約の大きい被災生活を続けながら行う、慣れない膨大な作業の連続は、肉体的にも精神的にも大きな負担となるだけに、少しでも無駄を抑えて対処したいものです。

被災生活を左右する応急危険度判定

❗ 家に貼られるこの紙は？

被災後、家々に貼られるこの紙は、被災生活や復旧作業中の建物危険度の目安となる「応急危険度判定ステッカー」です。

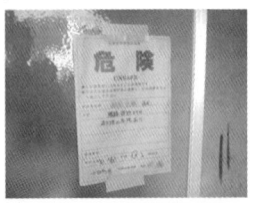

大規模災害後の3つの公的判定

損害保険の被害鑑定に加え、それぞれ目的や役割が異なる下記の3つの判定が行われます。

応急危険度判定	余震による倒壊や落下など、二次災害の危険度を判定し、建物住民や立ち入る作業者の安全を図るための調査。
罹災証明被害調査	被災者の罹災申告に基づき、建物の損壊を資産的視点で判定する、被災者支援のための公的な被災状況把握調査（88ページ参照）。
被災度区分判定	被災建物が修理可能か、どの程度必要かなど構造的視点から判定する、建物再建のための調査（89ページ参照）。

応急危険度判定とは？

住民の二次被害防止のために、余震による倒壊や外回り部材落下の危険度を判定します。公的被害認定ではなく、あくまで建物への立入可否や、当面の危険度について情報提供するものです。

調査済(青紙)
調査の結果、被害は小さく立入可能

要注意(黄紙)
立入要注意、必要なら応急補強の検討を

危険(赤紙)
立入危険、専門家の応急補強を行えば、立入可能な水準を確保可能

● わが家は大丈夫でも、隣家に倒壊の危険があると、危険(赤紙)と判定される場合もあります。

判定士を偽る詐欺にご用心

「建造物診断士」など架空の名称を名乗り、金銭を要求する詐欺に用心しましょう。

正規の応急危険度判定は

1. 応急危険度判定士は、都道府県が養成する建築士などの専門家で、都道府県知事印のある登録証を携帯し、2人1組で活動します。
2. 専門家によるボランティア活動のため、調査費用を請求することはありません。同じく、工事の営業・勧誘もしません。

危険判定された家の応急補強例
この家は1階車庫部分を支える支保工により立入水準を確保

罹災証明の発行と被災度区分判定

> **生活再建を左右する判定**
> 当座の危険度を知らせる応急危険度判定に対し、罹災証明と被災度区分判定は、今後の生活再建を大きく左右する重要なもの。第5章で撮影した被害写真（P.54参照）を用意して、悔いのない判定を得ましょう。

罹災・被災証明　不可欠なもの

被災程度の公的証明で、被災者支援の受給に絶対不可欠です。住民からの罹災申告（P.54参照）を受け判定・発行されます。自治体への申告がまだなら、一刻も早く申し出をしましょう。

罹災証明	**資産的な被災状況の公的証明** 被災者支援制度（第7章参照）の受給、保険金請求、税金・公共料金の減免申請、仮設住宅への入居、融資申込などの機会に使用
被災証明	**人が被災した事実への公的証明** 各種試験への臨時措置、休暇申請などの機会に使用

なお、罹災証明と被災証明の区分には、法的統一がまだありません。（2007年時点）そのため、各々の扱いや、書式が異なる区別自体がないなど、自治体により、違いがあるので注意しましょう。

判定区分と方法

- 罹災申告を受けて自治体職員が訪問します。
- 内閣府の「災害に係る住家の被害認定基準運用指針」に沿って外観を目視調査します。
- 結果に不服がある場合は、再調査を依頼でき、内部立入調査を含め判定をします。
- 水害は床上浸水以上を対象とします。

	損壊部分の床面積比	経済的被害の全体比
全壊	70%〜	50%〜
大規模半壊	50〜69%	40〜49%
半壊	20〜49%	20〜39%
一部損	〜19%	〜19%

被災度区分判定

? 被災建物の継続使用に、補修・補強が必要かどうかを判定するとともに、無駄な解体・補修による、所有者の過剰な経済的負債を防ぐ制度です。

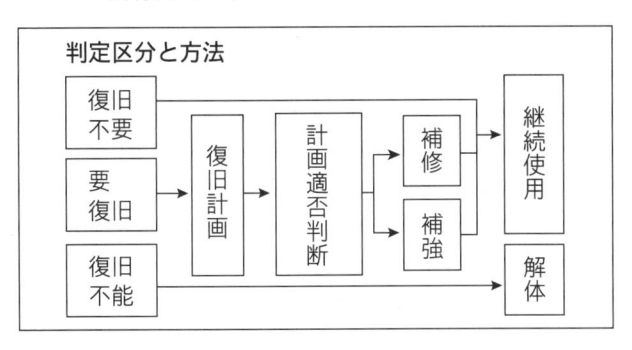

判定区分と方法

```
復旧不要 ─┐
要復旧  ─┼→ 復旧計画 → 計画適否判断 →┬→ 補修 →┐
復旧不能 ─┘                          └→ 補強 →┼→ 継続使用
                                              └→ 解体
```

- 建物所有者が、建築士など建築構造技術者に依頼する、任意の被害判定です。
- 判定や復旧計画の策定は、建築構造技術者と契約を結び、有料にて行います。

被災家屋の片づけ作業

安全に普段以上の注意を

散乱したわが家の後片づけは、先が見えない徒労感、被災生活の疲労、家財を駄目にする雨の心配との闘いです。ケガをしやすい心身状態なので、普段以上に注意しましょう。

作業中のケガ防止のために

連日の被災生活疲れから注意力散漫になり、もともとケガをしやすい状態での作業になります。下記の状況では特に注意をしましょう。

注意したいケガ多発場面
- 散乱し不安定な足元での転倒
- 割れたガラスや食器片による手足のケガ
- 飛び出た釘や鋭利な破片でのケガ
- 重量物運搬での腰痛や足への落下

屋内でも靴履きが基本

片づけ・掃除が終わるまでは、靴底を拭いて床の汚れを避けつつ、基本は屋内も靴履きで。また、スリッパでは、片づけ作業で動き回るうちに破片が足の裏に入り、ケガの元です。

片づけ作業に便利なグッズ

手先の防御―ゴム張り軍手

瓦礫や壊れた家財を扱う重作業で、普通の軍手では、鋭利な部分が生地を抜けたりすぐ穴が開きます。ゴム張り軍手は、グリップ力や防御性も良く安全。

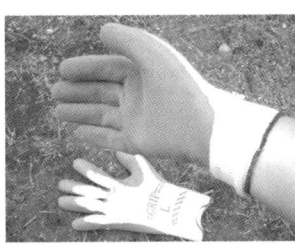

埃対策―防塵マスク

被災した木造家屋では、瓦屋根・土壁・漆喰などの埃が顕著です。連日の片づけで、のどや肺を痛めないよう防御しましょう。

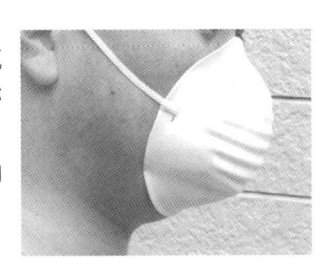

鋭利なゴミの集積―土のう袋

片づけ作業で出る瓦礫や破損物。手近なゴミ袋では、簡単に破け面倒です。丈夫で安価、ひもを引けば口が締まる土のう袋は、安価でハードな使用に耐え、便利です。

第6章 被害の後片づけと応急復旧

水害・土砂災害後の片づけ作業

❗ 作業は水が引く前から

家具や冷蔵庫は、水に浮くついでに屋外に撤去し、壁や柱の汚れも冠水した水で下洗い。また水が引く直前に、床の泥出しができれば、後でするより楽に行えます。

土砂や瓦礫の撤去

対象	作業内容
屋外	敷地・側溝・排水まわりの汚泥除去、外壁・窓の洗浄
屋内	泥出し、被災家財の撤去
内壁	合板や石膏ボードは、強度喪失のため要交換。グラスウール断熱材も、機能喪失・カビや悪臭のため要交換
床板	反り・強度喪失のため床板要交換
床下	床板をはがし、泥上げ、柱(床根太)の間隔が狭いため、ひと回り小さいスコップもあると便利

洗浄は節水しながら

各家庭でいっせいに水を使って、水圧低下で地域一帯を断水させないよう、節水に配慮しましょう。

家屋の消毒・防疫作業

浸水した水には、下水道や浄化槽などの汚物が混ざり、雑菌が繁殖して悪臭や病気の元に。水が引いたら、すぐの消毒・乾燥が重要です。

対象	薬剤	使い方
屋外	消石灰	水が引いた後、粉のまま土壌が白くなるよう振りかける
床下		
外壁	逆性石けん液（オスパン等）	汚れ落とし後、1000倍希釈液を、表面が濡れる程度噴霧、もしくは希釈液を浸した布で濡れ拭きして乾燥
屋内		
家財		
食器類	家庭用漂白剤	水洗いの後、説明書どおりに希釈して、5分以上浸け置く
下水し尿槽	クレゾール石鹸液	30倍希釈液を、ジョウロで散布、ただし尿槽には入れない

注）希釈した薬液はすぐ使用し、残さず使い切りましょう。

水害復旧作業での危険

泥上げ・重量物搬出にともなう腰痛

特に吸水した畳の搬出、泥上げや側溝作業では腰を落とし、無理な姿勢に要注意です。

気温・湿度が高い環境での熱中症

水害は暑い時期に多く、作業中に熱中症に陥りやすい。まめな水分補給と休憩で、発汗・蒸散による体の熱交換を維持しましょう。なお、水分補給は、スポーツドリンクで。水だけでは、けいれんや熱中症の危険が高まります。

衛生状態が悪いなかでの感染やケガ

下痢や発熱、小さなケガでも化膿しやすくなります。ケガはすぐに消毒し、作業後はうがい・手洗いの励行を。

マイカーや家電製品が被害を受けたら

> **❗ 高額被害に慎重な対処を**
>
> 自動車や高額家電製品などの被害は、家財のうちでも経済的に大きな痛手です。少しでも傷を深めないよう、利用できる制度をしっかり押さえて対応しましょう。

マイカーが被災したら

フロア程度までの冠水が引き続き乗れる目安です。ダッシュボード上まで水没したら、ほぼ全損扱いを覚悟しましょう。

まずバッテリー端子をはずす

家屋倒壊や浸水で電気系統がショートすると、ホーンが鳴りっ放し、車両火災などの元に。マイナス端子をはずして、端子をビニール・ガムテープで絶縁しましょう。

エンジン水没したら始動しない

シリンダー内の水が無理に圧縮されるウォーターハンマー現象で、エンジンを壊します。また高潮など海水の場合は、電気系統がショート・発火することも。また近年の車は、多数のコンピュータ（ECU）で制御されているため、始動しないときは業者を呼びましょう。

内装材のクリーニング

フロア程度までの浸水なら、内装材のクリーニング（10万円前後）で再度、乗ることもできます。

車の被害は車両保険で

自家用車の被害は、火災・地震保険の対象外。車両保険を掛けていても、プランにより補償範囲が違うので、契約内容を確かめましょう。

保険種別	風水害 ひょう害 雪害	地震 津波 噴火
一般車両保険	○	
＋地震・噴火・津波危険担保特約	○	○
エコノミー保険 ＋車両危険限定担保（A）特約	○	
携行品損害担保特約	積載物被害30万円まで	

家電製品が被災したら

高額家電製品の被害は懐に響きます。もし家財に火災・地震保険を掛けていなくても、購入時に家電製品の延長保証へ加入していたら、対応するものもあるので、契約のご確認を。

家電メーカーの延長保証

例：SONY VAIO延長保証サービス（WIDE）
税込16800円で3年間対応
破損や盗難に加え、火災や落雷、水害（台風・豪雨・融雪洪水・高潮）や土砂崩れでも無償修理、全損でも1～3万円の負担額で代替機種と交換します。

家電販売店の延長保証

残念ながら、近年の災害頻発で、以前よりも保証範囲を縮小した業者が大半です。契約時点の保証規定や規約書を持ち出し、被害写真とともに交渉しましょう。

災害ゴミの処分事情

> **!** **災害ゴミは臨時措置多し**
> 復旧作業をすれば、出るのは大量のゴミ。災害ゴミの扱いには、さまざまな臨時措置がされるため、しっかりした情報収集で対応を。

自治体によるゴミ収集再開前

収集事業再開までの間、清掃センターや臨時処理場まで、自ら持ち込むことになります。
- 受入態勢が不十分ななか、処理場は長蛇の入場待ち。1時間以上待つことも覚悟しましょう。
- 搬入は無料ですが、なかには罹災証明書の提示を要する自治体も。
- 分別は可燃・不燃・家具・粗大ゴミ程度の大まかな区分で山積みに。

自治体によるゴミ収集再開後

外部応援があっても、ゴミ需要ははるかに上回り、収集はどうしても遅れがちです。
- 普段と異なる分別種類が臨時指定されます。
- 自宅前や、地区の大型車が入る公園などに、集積所が臨時指定される場合も。
- 家電リサイクル法対象の被災ごみ(テレビ・洗濯機・冷蔵庫・エアコン)は、特例で国と自治体の費用負担で無料回収されます。
- 水害ゴミは収集再開前に悪臭を放ち始めます。処理場へ持ち込むか、消毒薬で防疫対策を。

災害ボランティアを頼むときには

❗ 頼み慣れないことだけに……

被災文化として定着した災害ボランティア。でも頼む側は慣れないことだけに、円滑に進めるための留意点がいくつかあります。

派遣当日の留意点

- **いつから**：地元に災害ボランティア本部が開設されたら依頼できます。
- **ど こ に**：災害ボランティア本部、または社会福祉協議会までご連絡を。
- **どのように**：依頼内容を伝えると、コーディネーターが人材を手配し、派遣日時を調整します。

危険・高度作業は専門家に

技術を要する作業や、応急危険度判定で危険（赤紙）判定された場合は、対応できない場合もあります。

作業内容と終了目安は明確に

到着した作業者に「〇〇な作業を、××な程度まで」など、作業をリストにして渡します。思いつきで延々と続く依頼はトラブルの元です。

感謝の気持ちを表しましょう

生活再建は地元が主役。とはいえ支援されて当然ではありません。謝礼や心付けは全く不要ですが、作業者への感謝は忘れずに。

復旧不能な建物の解体・撤去

❗ 災害時は処理費用が公費負担

一般の解体工事は、解体費・運搬費・処分費の3つで、坪単価は、木造で3～4万円、鉄筋コンクリート造りで7～8万円が相場です。しかし、災害廃棄物は、一部処理費が公費負担されます。

災害廃棄物の処分方法

- 罹災証明の区分により、運搬費や処分費が無料に。解体費は被災者の自己負担です。
- 家電リサイクル法対象ごみ（96ページ参照）も無料です。
- 建物を解体すべきか迷う方は、被災度区分判定（88ページ参照）を受けて判断しましょう。

❗ **解体前に確認しましょう**
- ☐ 詳細な建物被害の写真撮影（54ページ参照）
- ☐ 罹災・被災証明書の調達（54ページ参照）
- ☐ ライフライン関連の配線・配管の撤去

解体工事後の手続きも忘れずに
- ☐ 法務局で建物登記簿謄本の請求（104ページ参照）
- ☐ 法務局で建物滅失登記の申請
  固定資産税停止や再建時の建築確認に必要
- ☐ 自治体へ被災者生活再建支援金の申請
  （102ページ参照）

Chapter 7

生活再建に向けて

被災半月〜

いよいよ避難先での仮住まいから生活再建に向けて、第一歩を踏み出すことになります。特に経済上の問題をはじめ、生活基盤を確立・再創造するために、公的援助やその他の制度をどのように活用できるでしょうか。

第7章

被災者支援のための給付制度と法律

> **報道発表を要チェック！**
> 被災者の生活再建を大きく影響する法律や、給付制度がいくつかあります。地元に適用されると、報道や自治体からのお知らせがありますが、目立たないことが多いので要チェックです。

災害救助法

地元に適用されるか否かで、公的支援が大きく異なる、被災者には最も重要な法律です。災害時の救出・救護、避難生活の衣食住から、被災者への給付・税金等の支払猶予など、幅広い分野での支援の根拠となります。

対象：市区町村ごと
基準：地域の人口に対する住家滅失世帯数など

被災者生活再建支援制度

生活基盤に著しい被害を受け、経済的に自立した生活再建が困難な被災者に、当座の生活のための被災者生活再建支援金を給付します。なかには独自加算した自治体もあります。

対象：以下の地域の全壊・大規模半壊世帯
- 災害救助法の適用市区町村
- 全壊10世帯以上の市区町村
- 全壊100世帯以上の都道府県の、やむを得ず解体した半壊世帯

窓口：市区町村（罹災証明書が必要）

	全　壊	大規模半壊
居住関係費 住宅解体・家賃など	最大200万円 （150万円）	最大100万円 （75万円）
生活関係費 生活費・礼金・医療費	最大100万円 （75万円）	—
世帯主45歳以上 年収500〜700万円	上記の半額	
世帯主60歳以上 年収700〜800万円		

カッコ内は単身世帯

他県に移転する場合、居住関係費は半額支給

新築ローンの頭金に使える？

全壊300万円で新築ローンの頭金に、とはいきません。残念ながら、表の使途以外に使えず、あくまで当座の生活支援金止まりです。

住宅応急修理支援制度

仮設住宅などに入らず、今の住宅を補修して避難せずに暮らす被災者に対する給付制度。修理工事前の申請が基本ですから注意しましょう。

給付額：限度額50万円（収入制限あり）
　　　　　なかにはさらに独自加算した自治体もあります。
対　象：災害救助法の適用市区町村の大規模半壊・半壊世帯。
　　　　　全壊認定でも解体せず補修して住む場合対象に。
窓　口：市区町村（罹災証明書が必要）

災害弔慰金・災害障害見舞金

災害救助法・災害弔慰金法に基づき、被害者本人もしくは、遺族(配偶者・子・父母・孫・祖父母)に支給される見舞金です。

	死亡	重度障害
生計維持者	500万円	250万円
その他家族	250万円	125万円

対象:災害救助法の適用市区町村、または5世帯滅失した自治体が3つ以上ある都道府県
窓口:市区町村(罹災証明書、診断書が必要)

災害見舞金

平時は火災での見舞金が一般的ですが、災害時でも、被災の程度に応じ数万円程度の見舞金が支給されます。
対象:市区町村に在住する被災者
窓口:市区町村(罹災証明書が必要)

災害義援金

一般からの募金で集まった災害義援金が都道府県から配分されます。また市区町村にも義援金が寄せられていれば、加算配分されます。配分金額や回数は、義援金総額・被災者総数・被災程度により、災害や自治体ごとに大きく異なります。一般的に被災者が多ければ、世帯当たりの金額は少なくなる傾向にあります。
対象:自治体の義援金配分計画の該当世帯。被災者支援情報として告知されます。
窓口:市区町村

激甚災害法（略称）

大規模災害で、被災者を財政的に援助するための法律。指定されると、中小企業に対する低利融資、農林水産事業や公共施設・住宅の災害復旧事業への国庫補助のかさ上げなど、財政面での特別援助が行われます。

対象：災害そのもの（激甚災害指定基準）
　　　　市区町村ごと（局地激甚災害）
基準：災害復旧費用が国庫補助額の一定基準を超える場合

特定非常災害特別措置法（略称）

大規模災害時に行政上の権益を延長する法律。特定非常災害に指定されると、運転免許ほか免許・許認可・資格・福祉給付の期限などが延長されます。なお本法の指定がない場合、応急仮設住宅の入居期限が延長されず、完成より2年で廃止になる点でも影響があります。

対象：災害そのもの、市区町村ごと
基準：災害救助法が適用された市区町村

国税・地方税の減免や納付猶予

> **❗ 支援情報の確認を！**
> 地方税は、減免基準が地域で異なるため、被災者向け支援情報をよく確認しましょう。なお申請には罹災・被災証明書が必要です。

国税に関する特別措置

雑損控除による所得税の減免

2～3月の確定申告で、所得税減免また源泉徴収される給与所得者は還付を受けられます。また、雑損控除損失額を税額控除でき、3年後まで繰り越しが可能です。

災害減免法による所得税の減免

低所得者に有利、損失額と所得に応じ全額～1／4免除。
窓口：お近くの税務署まで

地方税に関する特別措置

固定資産税・住民税の減免

一定以上の損害と所得に応じた減免や、災害終息から2カ月以内で延長が可能。代替家屋や償却資産を取得した場合、税額や課税標準額が、取得後4年間半額。
窓口：市区町村役場の税務担当課まで

都道府県税の減免

自動車税・個人事業税・不動産取得税などの減免や納付猶予を申請可能。基準が自治体ごとに異なります。
窓口：県税事務所や財務事務所まで

社会保障費などの減免制度

> **申請主義なのでお忘れなく**
> 各保険者の条文や規則に基づく、災害時減免措置は、申請がなければ適用されません。保険証類・罹災証明書・印鑑を持参して、忘れずに申請を。

健康保険・介護保険料の減免

国民健康保険税・介護保険料の減免

地方税法・国民健康保険法により、被害度と所得（前年所得1000万円まで）に応じ、保険料と、自己負担金が減免・猶予されます。

窓口：市区町村役場の国保担当課

健康保険の一部負担金の減免

2006年健康保険法改正で、窓口で払う自己負担金の減免や徴収猶予を受けられます。しかし、内容は健康保険組合の財政状況で異なるので、詳細は問い合わせましょう。

窓口：各健康保険組合

年金保険料の減免

国民年金保険料の特例免除

免除申請を行い、資産の約1／2以上の損害を認定されると、保険料が1／4刻みで減免されます。

窓口：市区町村役場の年金担当課

厚生年金保険料の場合

過去、阪神淡路大震災では特別財政援助法で保険料免除・納付猶予がされましたが、恒久的な救済措置はまだありません。

第7章 生活再建に向けて

失業・休職者への支援制度

> **！ 支援を上手に活用！**
> 災害による失業、災害前からの休職者にも、支援制度が用意されています。難局を乗りきるためにも、上手に活用しましょう。

雇用保険による失業給付

基本手当支給 と認定日変更措置

災害で一時離職した労働者に雇用保険の基本手当を支給します。また、指定された認定日にハローワークへ来所できない場合、認定日の変更に応じます。

対象：災害救助法適用地域の事業所被雇用者

窓口：ハローワーク

未払賃金の立替払制度

倒産により、賃金未払いで退職した労働者へ、(独)労働者健康福祉機構が、退職前6カ月分の未払分（ボーナスは対象外）を立て替えます。

対象：裁判所への申立・労働基準監督署への認定申請から1年半に退職した倒産企業の労働者。

窓口：労働基準監督署

被災求職者への特別訓練受講手当の支給

災害で就業困難な求職者の雇用安定のため、公共職業訓練の受講被災者に対する手当支給。

対象：罹災・被災証明を受けた被災した訓練受講者で失業給付金を受けていない者

窓口：ハローワーク

公共料金・その他料金の減免制度

> **申告制なのでお忘れなく!**
> ライフライン等の事業所でも災害時の減免制度はありますが、申請がなければ適用されません。担当窓口までの連絡を忘れないように!

公共料金の減免制度

電気料金や臨時工事費の減免

対象:災害救助法適用地域の利用者

窓口:各電力会社のサービスセンター

固定・携帯電話料金の減免

対象:避難指示・勧告対象地域や、被災により24時間以上不通になった世帯など

窓口:各電話事業者、116番(NTTの場合)

NHK放送受信料の免除

対象:災害救助法適用区域内で、半壊・半焼・床上浸水以上の被害を受けた契約者

窓口:視聴者コールセンター 0570-077-077

その他、上下水道料金の減免・支払延長は、市区町村の水道課・水道局で。ガス料金の減免や支払延長は各ガス業者サービスセンターで受け付けています。

各種料金の減免・支給制度

公立・私立高校の授業料や入学金類、幼稚園・保育園保育料の減免、また災害救助法適用地域では教科書・学用品・文房具の現物支給があります。詳細は各学校や市区町村の保育課・教育委員会まで。

個人向けの災害融資制度

> **豊富な被災者融資制度**
> 災害融資制度は、自治体のほかにもさまざま。激甚災害法（P.100参照）に基づく、金利引下げ・償還延長など、特例措置がとられます。

個人向け生活資金融資制度

市区町村の災害援護資金制度

被災世帯に利率3％・10年償還（据置3年）で350万円を限度に再建資金を貸し付けます。

社会福祉協議会の低所得者向け生活福祉資金

利率3％・7年償還（据置2年）で150万円を限度に、住宅補修や家財購入費を貸し付けます。

国民生活金融公庫の厚生・労災年金担保貸付

生活費・教育費・事業資金のために厚生・労災年金を担保に、250万円を限度に融資します。

住宅金融支援機構の災害復興住宅融資

新築・中古住宅購入や住宅補修への融資制度。購入3年・補修1年の元金据え置きや、自治体による5年間利子補給も行われます。
- 購入：限度額380～1460万円 返済期間35年
- 補修：限度額380～ 640万円 返済期間20年

生保・損保会社による被害鑑定と支払い

> **自治体の被害認定とは別制度**
> 保険請求(P.84参照)を受け、1カ月以内に鑑定人が訪問調査します。判定区分は自治体の罹災・被災証明とは別扱いなので注意しましょう。

火災・地震保険の被害鑑定

木 造:構造部(基礎・柱・壁・屋根の4点)
その他:建物の沈下や傾斜、柱や外壁の損傷
調査時:事前撮影した被害写真(P.54参照)を渡しましょう。やむを得ず建物を解体した場合、唯一の被害記録です。

保険区分	建物被害基準	家財被害基準
全損 全額払い	50%〜の構造部被害 70%〜の焼失・流失	時価80%〜
半損 半額払い	20〜49%の構造部被害 20〜69%の焼失・流失	時価30〜79%
一部損 5%払い	3〜19%の構造部被害 地上45cmの床上浸水	時価10〜29%

- 災害1件で発災10日後までの被害が対象。
- 風水害では、家屋と家財の被害合計が、時価20万円以上から保険対象になります。
- 損害保険会社全社の支払能力を越えると、保険金は比例して減額払いされます。
- 全損で保険金が出ると契約は終了します(全損失効)。その他は継続され、新たな被害の請求が可能です。
- 災害割増特約がある生命保険契約では、通常の死亡保険金に加算金が支払われます。

応急仮設住宅・代替住宅への入居

> **❗ 再建への新たな第一歩**
> 暮らしの場が確保されてこそ、生活再建の本格化です。上手に活用し新たな一歩へ。

被災者向けの公的住宅支援

災害救助法による応急仮設住宅の提供

家賃無償(光熱水費は自己負担)で、入居期間は2年。特定非常災害特措法(P.103参照)適用になると期間延長も。間取りは単身者1DK、3人まで2DK、4人以上は2LDKか3Kが主流です。冬の結露と夏の暑さ対策が必要でしょう。入居の募集は市区町村から告知されます。

対象:被災により住居を失った被災者

ハローワークによる雇用促進住宅の一時提供

期限付き・家賃無償(光熱水費・共益費は自己負担)で提供します。失業者以外でも申し込みができます。

対象:災害救助法地域で住居を失った被災者

市区町村による復興公営住宅の提供

家賃は収入に応じ設定され、必要なら家賃減免もあります。

対象:月収26万8000円以下(2007年現在)で同居親族のいる、住居を失った被災者

あとがき

　ご覧いただいたように、被災後に直面する問題や手続は非常に多岐にわたります。そのため発災から生活再建まで１冊で網羅する類書はなかなかなく、本書はそういう意味で、ある種限界への挑戦でもありました。

　単なるハウツー本ではなく、経験からの教訓を交えた実践的な一冊にしたい。これを第一のポリシーに、なおかつ、いざというときに見てすぐわかる簡潔さで、限られた紙面に凝縮する。そんな引き算での執筆は既著以上の苦心で、年末に執筆を始めたはずが、気づけば夏の真っ只中に、やっと終わる始末でした。

　最後に、被災前にここまでお読みくださった皆さんへ感謝とともに一言。本書を非常持出袋にしまう前に第１章の各チェックリストへのご記入はお済みですか？　実際に被災したとき、その内容がおそらく一番あなたを助けるものになるでしょう。

　　　　　２００７年８月　市民防災ラボ　玉木　貴

玉木 貴 (たまき たかし)

1970年長野県生まれ、神奈川県出身

市民防災研究家

1990年の水害経験を期に、わが家の防災対策から制度に至る「市民防災」の分野を、市井の立場で研究。2002年より、ウェブサイトを通し、一般市民の視点で役立つ防災情報の提供・防災提案を行う。

また静岡県沼津市嘱託の応急手当指導員として、自治体主催の救命講習で指導に携わっている。

著書に『早わかり「防災」新常識』(青春出版社)、『体験版 わが家の防災――本当に役立つ防災グッズ体験レポート』(駒草出版)、『実践版 わが家の防災 Part.2』(駒草出版) がある。

編　集　原田 ゆか (neocats)
イラスト　辻 ノリコ

被災生活ハンドブック

2007年9月20日　初版第1刷
2011年4月5日　　　第2刷

著　者　玉木 貴
発行者　比留川 洋
発行所　株式会社 本の泉社
〒113-0033　東京都文京区本郷2-25-6
電話 03-5800-8494　FAX 03-5800-5353
http://www.honnoizumi.co.jp/
印刷・製本　音羽印刷株式会社
© 2007, Takashi TAMAKI
Printed in Japan　ISBN978-4-7807-0342-9

※落丁本・乱丁本はお取り替えいたします。
※定価はカバーに表示してあります。